Heimat auf dem Teller

Jörg Steinleitner

Heimat auf dem Teller

Heimische Produzenten - Ehrliche Produkte - Schmackhafte Rezepte

Fotos von Jan Roeder
Rezepte von Wolfgang Schmidt

Culinaris

Inhaltsverzeichnis

Vorwort

Menschen, die Lebensmittel erzeugen, sind etwas Besonderes, ihnen ist dieses Buch gewidmet. Man sieht ihnen ihre Überzeugung, ihr Herzblut, ihre harte Arbeit an. Oft sind sie bescheiden und still. Aus diesem Grund möchten wir hier ihre Geschichten erzählen, ihre Erzeugnisse vorstellen, verbunden mit Rezepten aus unserem Wirtshaus. Geschichten, die der Teller im Pschorr geschrieben hat.

Uns ist Regionalität wichtig, mit Bodenhaftung und Glaubwürdigkeit. Sie können schmecken, sehen und riechen, welche Hingabe und Anstrengung hinter den Produkten auf dem Teller stecken. Man könnte dieses Buch auch eine kulinarische Liebeserklärung an die Region nennen.

Heimat auf dem Teller bedeutet uns viel. Nichts ist wichtiger, als an die folgenden Generationen zu denken. Daher geben wir regionalen Produkten voller Überzeugung den Vorrang. Wir bemühen uns täglich, nachhaltig zu arbeiten. Die Welt können wir nicht verändern, aber unseren kleinen Beitrag werden wir leisten.

Inka und Jürgen Lochbihler

„Der Pschorr“ am Viktualienmarkt

Ein besonderes Wirtshaus an einem besonderen Ort

Man muss natürlich nicht mit dem Fußboden beginnen, wenn man von einer Münchner Wirtschaft erzählt. Bei den meisten Gasthäusern könnte man über deren unterste Oberfläche ja auch gar nichts erzählen, weil es nichts zu erzählen gibt. Beim Wirtshaus „Der Pschorr“ am Viktualienmarkt in München ist dies anders. Hier ist sogar der Boden, auf dem man steht, besonders.

„Ich habe mir immer überlegt, was für mich das Gefühl ausmacht, an einem Ort zu sein, an dem man sich wohlfühlt“, erklärt der Wirt Jürgen Lochbihler den Gedankengang, der ihn auf die Sache mit dem Fußboden brachte. Und da sei ihm die Stuben seiner Oma eingefallen: „Wenn ich über die Dielen laufe, dann erwecken die in mir ein Gefühl von Zuhause.“ Sofort war ihm klar: Genau so muss sich der Boden im Pschorr auch anhören: wie bei der Oma.

Das kann man nun lustig finden. Aber wer einmal im Pschorr war, muss zugeben, dass dieser Eichenboden klingt. Und wenn man genauer lauscht, dann hört man tatsächlich die Erholung, die vom Schreinermeister Josef Eham aus Hausham eingebaut wurde. Und zwar hört man die nicht erst nach drei frisch gezapften Hacker Edelhellen aus dem Holzfass, sondern gleich, wenn man den Raum betritt.

Wer solch dicke Bretter in seine Wirtschaft legen lässt, der nimmt den Begriff Bodenständigkeit ernst. Aber, das muss auch klar sein: Wer sich schon über Dielenbretter solche Gedanken macht, dem geht es ums große Ganze. Womit wir beim Kern der Sache wären, dem großen Ganzen: Vermutlich könnte man Jürgen Lochbihler und seine Frau Inka mitten in der Nacht anrufen und es würde genügen, das Wort „Bio“ in den Hörer zu hauchen. Höchstens eine Sekunde würde es dauern, dann bekäme man ein mitreißendes Plädoyer für nachhaltige Lebensmittelproduktion und Regionalität gehalten, gespickt mit einem Wissen, das sowohl im Gespräch mit Landwirten als auch mit Universitätsprofessoren standhielte, und mit kritischen Anmerkungen zu eben genanntem Modewort – „Bio“!

Natürlich legen beide höchsten Wert darauf, dass möglichst alles, was von ihnen gekauft oder in Auftrag gegeben wird, in ökologisch vertretbarer

Produktion entstanden ist. Aber sie sind die Letzten, die den Bio-Stempel vor sich hertragen. Und dies hat einen einfachen Grund: Bio-Äpfel aus China mögen vielleicht biologisch erzeugt worden sein, aber im Sinne der Natur kann es nicht sein, sie in Deutschland zu essen. Dasselbe gilt für Bio-Rindfleisch aus Argentinien, Bio-Käse aus Holland und Bio-Lammsteaks aus Neuseeland. „Wir haben doch gute Äpfel, gutes Fleisch und guten Käse in Bayern, da brauchen wir das doch nicht um die halbe Welt transportieren!", würde Inka Lochbihler einem um vier Uhr morgens vorhalten. Und ihr Mann würde von hinten hineinrufen, dass man auch nicht alles zu jeder Saison essen müsse. „Für was gibt es denn die Jahreszeiten? Wir Menschen sind doch keine Maschinen, und die Tiere erst recht nicht."

An der Speisekarte des Pschorr jedenfalls kann man die jeweilige Saison ziemlich genau ablesen: Lammfleisch gibt es vor allem um Ostern herum. Wildgerichte eher im Herbst. Feines von der Gans im Winter. Gänse legen eben nur von März bis Juni Eier, es sei denn, man manipuliert sie. Dieses Bekenntnis zum Respekt vor den Rhythmen der Natur ist ein ganz zentraler Punkt im Konzept der Wirtsfamilie. Für sie gehört es zu einem guten Essen dazu, dass die Zutaten auf tier-, menschen- und naturfreundliche Weise erzeugt wurden. Da sind die beiden auf sympathische Weise radikal. Und wer sich länger mit ihnen über solche Themen unterhält, der kann sich ihrer Überzeugungskraft nur schwer entziehen. Denn das, was die beiden sagen, hat Hand und Fuß.

„Unser Wirtshaus steht an einem der schönsten und wichtigsten Marktplätze Deutschlands. Dies bringt eine gesellschaftliche Verantwortung mit sich, und die übernehmen wir." So erklärt Jürgen Lochbihler direkt und unverblümt sein Verständnis von dem, wofür er sich Tag für Tag einsetzt. Konkret bedeutet dies, dass sie versuchen, möglichst viele Lebensmittel und sonstigen Produkte, die sie für ihren Pschorr benötigen, aus der Region zu beziehen. Zu Recht ärgern sich die beiden über Milch, die in bayerischen Supermärkten verkauft wird, aber aus Norddeutschland stammt. „Ist es nicht unsinnig, wenn man durch den Transport die Luft verschmutzt und gleichzeitig den einheimischen Bauern Konkurrenz macht?" Bei den Pschorr-Wirten genießen Produkte aus der Heimat absolute Priorität. Gut müssen sie natürlich schon auch sein.

Es ist ihrer unermüdlichen Suche und ihrem Geschick im Umgang mit Viehzüchtern, Käseherstellern, Jägern und anderen an der Nahrungsmittelerzeugung Beteiligten zu verdanken, dass die Küche des Pschorr aus einem opulenten Reservoir an bayerischem Essen schöpfen kann. Solche Bauern muss man erst einmal finden, wie jene, die das gemütliche Wirtshaus beliefern. Einige von ihnen stellen wir in diesem Buch vor. Allesamt sind sie Menschen von Charakter, die sich mit ihrem Beruf als Lebensmittelerzeuger und der Verpflichtung, die er mit sich bringt, intensiv auseinandersetzen. Die meisten unter ihnen besinnen sich der landwirtschaftlichen Tradition, die auf einem friedlichen Zusammenleben von Tier und Mensch und auf dem Respekt vor dem Lebewesen beruht. Und verbinden das gute althergebrachte Wissen mit modernen Erkenntnissen darüber, was gut für Tier und Mensch ist.

Ganz bewusst vertrauen die Lochbihlers Klein- und Kleinstproduzenten, obwohl sie in ihrem Wirtshaus einen großen Bedarf haben. Natürlich wäre es bequemer, alles über den Großhandel zu beziehen. „Aber wer sagt mir, dass dann die Qualität stimmt. Und die Herkunft. Und die Lebensbedingungen der Tiere?" Womit wir bei einem weiteren wichtigen Eckpfeiler der Lochbihler'schen „Philosophie" (so würden die beiden es übrigens selbst niemals nennen, das widerspricht ihrem bodenständigen Verständnis von dem, was sie tun) wären: dem Gedanken der Nachhaltigkeit. Die beiden sind nicht nur Wirtsleute, sondern auch Eltern. Aber nicht nur deshalb fordern sie von sich und wünschen es sich von allen anderen, dass sie verantwortungsvoll mit den Lebewesen und der Natur umgehen und dabei an die folgenden Generationen denken. Umweltverträgliche Landwirtschaft, schadstoffarme Herstellungsweisen und Transporte, faire Arbeitsbedingungen und Bezahlung, all dies betrachten Inka Lochbihler und ihr Mann als unabdingbare Voraussetzungen eines erfüllten Lebens.

Apropos: Das Leben der Lochbihlers ist derart erfüllt, dass es auch sein kann, dass man morgens anruft und gar niemand ans Telefon geht. Womög-

lich sind die beiden gerade im Stall, weil ein Kalb auf die Welt kommt, weil sich ein Murnau-Werdenfelser Rind (für diese seltene Rasse setzt sich Jürgen Lochbihler ganz besonders ein) aus dem Staub gemacht hat oder weil sich eines der Schafe im Zaun verheddert hat. Als wäre das Wirtshaus nicht Verantwortung genug, betreibt die Familie eine kleine Landwirtschaft. „Mein Mann stand eines Tages vor der Haustür und hatte sechs Kühe gekauft. Da wohnten wir aber noch nicht auf dem Bauernhof, sondern in einem normalen Wohngebiet." Eine andere Ehefrau hätte ihren Mann gefragt, ob er spinnt. Aber Inka Lochbihler ist ja genauso beseelt wir ihr Gatte. Gemeinsam fanden die beiden ein neues Zuhause für die Kühe, und natürlich auch für sich. Der Hof liegt auf einer idyllischen Lichtung. Aber weil es bei den Lochbihlers keinen Stillstand gibt, belebten bald auch Schafe, Hühner und Stallhasen das Anwesen. Anhand Letzterer lässt sich sehr schön veranschaulichen, worum es der Wirtsfamilie geht: Die Hasen bekommen das, was in der Küche des Pschorr an Gemüse und Salat übrig bleibt. Die Tiere fressen dieses gute Futter mit Begeisterung. Sind sie davon groß und stark geworden, werden sie geschlachtet. Ja, das macht er eigenhändig. Das ist er dem Tier schuldig. Und damit der Kreis sich schließt, landet das gute Hasenfleisch schließlich in der Küche des Pschorr und wird von Küchenchef Wolfgang Schmidt in schmackhaftes Essen verwandelt.

Serviert werden die Gerichte im Pschorr übrigens auf Rosenthal-Porzellan. Wer nun die Augenbrauen hochzieht und anmerkt, dass das ja aber wohl ganz schön teuer sei, dem erwidert Inka Lochbihler so kess wie selbstbewusst: „Aber auch gut." Gutes darf etwas kosten. Diese einfache Wahrheit, die wir alle kennen, aber der wir uns im Alltag mit den fadenscheinigsten Begründungen immer wieder entziehen, ist die Maxime. Und so liegen auf den Wirtshaustischen auch Bierfilze, die ihren Namen verdienen, sie sind nämlich wirklich aus Filz gemacht und nicht aus Pappkarton. Dass sie sich für diese edlere Variante entschieden hat, lag nicht nur daran, dass sie die Wörter gerne wörtlich versteht – den Filz als Filz –, sondern auch, weil sie findet, dass es einfach anders klingt, wenn man ein Bierglas auf einem echten Filz abstellt.

An dieser Stelle wird deutlich, in welcher Harmonie man hier kreativ ist: Er lauscht dem Hallen des Dielenbodens nach, während sie ihr Ohr an den Tisch hält, um herauszufinden, wie es sich anhört, wenn das Bierglas auf dem Filz landet. Die beiden, das sei hier verraten, waren noch kein Paar, als sie 2005 begannen, den Pschorr zu erfinden. Er, der von Bauern abstammende Geschäftsmann, und sie, die engagierte junge Gastronomin, waren einfach nur Kollegen auf Augenhöhe. Aber wie es so ist: Man unterhält sich über Dielen und Filze, über Bier und Wein, über Essen und wie es idealerweise entsteht. Man neckt sich (noch heute): „Von Wein hat der

null Ahnung", sagt die Sommelière Inka Lochbihler. „Ach, du mit deinen Träumen – ich hab' Ideen", sagt Jürgen Lochbihler, der als Student sein erstes Café eröffnet hat. Man neckt sich also, man tauscht Blicke. Und während man alles dafür tut, dass am Viktualienmarkt ein lebenswertes Wirthaus entsteht, entsteht so en passant auch eine Liebe, der bald zwei Kinder entspringen. Der Nachwuchs ist übrigens bestens darüber unterrichtet, was der Vater beruflich so macht: „Der Papa verkauft Schnitzel und Bier." So einfach ist das.

Aber noch einmal zurück: Der Tisch, die Stühle, die Bänke und Schränke. Auch für jedes Möbel, das dem Gastraum seine unverwechselbar lebendige und doch gemütliche Atmosphäre verleiht, wurde von den Wirtsleuten nach der besten Lösung gesucht. Es gibt große Tische für Gesellschaften und kleine Tische für weniger Gäste, sogar für einzelne Personen wurden spezielle Sitzgelegenheiten vorgesehen, auch sie sollen sich geborgen fühlen. „Wir finden für jeden Gast einen Platz, der zu ihm passt", sagt die Wirtin und ist zurecht stolz darauf. Der Gast soll sich wohlfühlen, ganz ehrlich. Deshalb tun die Lochbihlers auch nicht so, als wäre der Pschorr ein altes Münchner Wirtshaus. „Wir wissen, dass es uns erst seit 2005 gibt", sagt Jürgen Lochbihler. Deshalb haben die beiden lange darüber sinniert, wie ein bayerisches Wirtshaus im einundzwanzigsten Jahrhundert aussehen könnte. Auf historisierenden Schnickschnack haben sie bewusst verzichtet. Deshalb war der Schreiner Josef Eham so wichtig. Unter den zahlreichen anderen Bewerbern bekam er den Zuschlag, weil er sich am besten in das einfühlen konnte, was den Auftraggebern vorschwebte: eine moderne Gastwirtschaft, die die bayerische Tradition glaubwürdig in der Gegenwart verankert.

So genießt der Gast heute sein Bier zwischen Eichen vertäfelten Wänden. Er sieht, dass sie nicht uralt sind, aber nimmt wahr, dass sie schön sind – zeitlos schön. Blickt der Gast nach oben, erblickt er aber auch ein Stück Münchner Geschichte. Denn der hohe Gewölberaum des Pschorr wurde gemeinsam mit der Schrannenhalle Mitte des neunzehnten Jahrhunderts von Karl Muffat erbaut. Nachdem im Zweiten Weltkrieg das Dach zerstört und in den Folgejahren notdürftig repariert worden war, nutzte man den sogenannten nördlichen Kopfbau bis 1999 als Freibank. Jürgen Lochbihler kann in den erschreckendsten Farben vom erbärmlichen Zustand erzählen, in dem das Gebäude damals war. Davon ist heute nichts mehr zu spüren. Dass der Pschorr trotz seiner Jugend jede Woche vielen Stammtischen ein Zuhause geworden ist, zeigt, dass es den Wirtsleuten gelungen ist, das Alte mit dem Neuen zu vereinen. Und dass es unter den Stammtischbrüdern jede Berufsgruppe gibt – von den Handwerkern über die Bauern aus der Region bis zu Richtern vom Amtsgericht – beweist, dass hier im Pschorr nicht nur der Fußboden stimmt, sondern alles, man könnte auch sagen: das große Ganze.

Wolfgang

Tradition und Entdeckergeist – ein erstaunliches kulinarisches Konzept

Diese Küchenmannschaft leistet wahrhaft Außergewöhnliches: Wie es früher üblich war, verwandeln Wolfgang Schmidt und seine Köche jedes essbare Teil eines geschlachteten Tiers in Genuss. Das erhöht die Wertschöpfung, erfordert aber auch viel Wissen über Kochtradition, Kreativität und den unbedingten Willen zu Höchstleistungen zwischen Schneidebrett und Herd. Denn obwohl der Pschorr ein großes Wirtshaus ist, das den Anspruch hat, viele Gäste glücklich zu machen, wird unter der Leitung von Küchenchef Wolfgang Schmidt jedes einzelne Gericht in ehrlichem Kochhandwerk selbst hergestellt. Aber warum das alles?

Es ist ganz einfach: Weil auf diese Weise gutes Essen entsteht. Und – das sagt der Küchenchef mit einem Lächeln auf den Lippen: „Weil das Kochen so Spaß macht.“ Das Essen übrigens auch.

Großmutters Rezepte
Wer kocht denn heute noch so?

Wolfgang Schmidt ist ein cooler Typ. Und das ist auch gut so, denn wer im Pschorr als Küchenchef bestehen will, braucht ein ausgeglichenes Temperament. Die Ansprüche sind hoch. Denn Inka und Jürgen Lochbihler haben im Laufe der Jahre ihre Vorstellung von gastronomischer Qualität immer weiter verfeinert: Alles, was von den Bedienungen und Kellnern – übrigens allesamt Frauen und Männer mit Charakter – serviert wird, muss von Wolfgang Schmidt und seinen Köchen in ehrlichem Küchenhandwerk selber hergestellt worden sein. Fertigprodukte kommen garantiert nicht in den Topf. Dass jede Beilage, von der Soße bis zum Blaukraut, selber gemacht wird, ist bei einer Wirtschaft in der Größe des Hauses am Viktualienmarkt längst nicht selbstverständlich. An manchen Tagen zaubert die Küchenmannschaft über zweitausend Mahlzeiten auf den Tisch.

Der unbedingte Wille zum Handwerk ist aber nur der eine spezielle Genussfaktor der Pschorr-Küche. Der andere ist die Tatsache, dass man hier jedes essbare Teil eines Tiers in Genuss verwandelt, ganz gleich, ob es sich um ein Murnau-Werdenfelser Rind, ein Schaf oder Reh handelt. Die Pschorr-Wirte kaufen die Tiere nämlich immer ganz, mit allem Drum und Dran. Und so haben die beiden lange nach einem Küchenchef gesucht, der von seinem Können her in der Lage ist, so zu kochen, wie die Bäuerinnen vom Land das vielleicht noch können, nämlich alles, was ein Tier hergibt, komplett zu verwerten. Die Zahl an Köchen, die ihr Handwerk mit Überzeugung ausüben und die alte Kunst noch beherrschen, urbayerische Exotika wie Lammzüngerl, Ochsenbackerl, Kuheuter oder Entenherz in Köstlichkeiten auf dem Teller zu verwandeln, ist überschaubar. Ein feines Rinderfilet bekommt jeder hin, doch um wirklich jedes Teil eines Tiers zu verwerten, müssen Wissen und Können auf hohem Niveau vorhanden sein. Wolfgang Schmidt, der auch mal auf Rezepte seiner Großmutter zurückgreift, ist so ein Genussmeister. Wie alle Spitzenköche blickt er auf ein bewegtes Leben voller außergewöhnlicher Erfahrungen zurück: Er brutzelte auf Sylt ebenso wie im Schwarzwald oder in der Schweiz. Seine letzte Station vor dem Pschorr war die Leitung der Küche im eleganten Restaurant La Villa am Starnberger See. Zudem ist Wolfgang

Schmidt mehrere Jahre als Privatkoch um die Welt gejettet – Paris, London, New York, Bahamas. Seine Auftraggeber waren Menschen mit weltbekannten Namen und luxuriösem Lebensstil. Warum nun stellt sich ein Koch, der sich als Privatkoch ganz darauf konzentrieren konnte, einem kleinen Kreis exklusive Genüsse zu bereiten, in die Küche des Pschorr, in ein Wirtshaus, das so vielen gerecht werden muss? „Weil es Spaß macht", sagt Wolfgang Schmidt, ohne zu zögern: „So wie wir hier arbeiten, wer kocht denn heute noch so?" Mit „so" meint Wolfgang Schmidt: alles selber machen, alte Rezepte ausgraben, nur frische Zutaten verwenden, Gerichte erfinden, experimentieren. Natürlich beherrscht Wolfgang Schmidt nicht nur einfache Traditionsrezepte – seine Entenleberpastete etwa kann es mit jedem französischen Spitzenprodukt aufnehmen.

Bereits im Alter von sechs Jahren wusste Wolfgang Schmidt, dass er Koch werden wollte. Aufgewachsen nahe Fulda, war er als Kind mit seinen Eltern in den Ferien immer in den Schwarzwald gefahren. „Dort war das Essen so gut", erinnert er sich. So fein wie die Köche des Urlaubshotels kochten, so gut wollte er das auch einmal können. Wolfgang Schmidt ist am Ziel.

Während er erzählt, tritt ein junger Mann im Trachtengewand in die Küche, grüßt mit bayerischer Freundlichkeit und bittet den Küchenchef um eine Unterschrift. Der Mann hat gerade Käse aus der Naturkäserei vom Tegernsee angeliefert. So direkt ist der Kontakt des Kochs zu fast allen seiner Lebensmittelerzeuger. Die meisten sitzen in der Region um München herum. Ihre Anfahrtswege sind kurz. Von dieser Nähe profitiert die Qualität der Küche gleich mehrfach: Erstens ist alles frisch, und zweitens können Wolfgang Schmidt und seine Küchenbrigade den Lieferanten stets persönlich sagen, was besonders gut war und wo man noch etwas verbessern könnte. Besonders eng arbeitet Wolfgang Schmidt mit Metzgermeister Steffen Siegel von der Wurstmanufaktur Gut Kerschlach zusammen, der neben Wurstspezialitäten auch einen Teil des Rindfleischs für den Pschorr liefert. Wenigstens einmal wöchentlich telefonieren die beiden und stimmen Speisekarte und Schlachtplan aufeinander ab. Im Pschorr kocht man nach den Rhythmen der Natur.

Plötzlich breitet sich ein kraftvoll aromatischer Geruch in der ganzen Küche aus. Der Küchenchef hat gerade großzügig Rotwein in ein Behältnis gegeben, in dem bereits eine Vielzahl an Enten-

Karkassen schwimmt. Die Karkasse ist das, was übrig bleibt, wenn man einen Vogel von seinen feineren Teilen wie Brust und Beinen befreit. In vielen anderen Küchen landet die Karkasse im Abfall. Wolfgang Schmidt zaubert daraus eine Soße, über deren tiefgründigen Geschmack man jubeln könnte. Besser kann man einem Nahrungsmittel nicht Respekt zollen, als dass man versucht, aus ihm möglichst viel Essbares zu gewinnen. So gut kann Nachhaltigkeit schmecken. Und dank ihr bleiben herzhafte Spezialitäten wie hausgemachte Sülze vom Murnau-Werdenfelser Rind oder saurer Rindfleischsalat als Bestandteil bayerischer Essenskultur erhalten. Aber der Pschorr ist auch ein modernes Wirtshaus: Die sich permanent weiter entwickelnde Speisekarte enthält ein eigenes Kapitel zur Vitalküche. Hier locken köstliche Gerichte, die sich dadurch auszeichnen, dass sie leicht, ohne Kohlenhydrate, aber energiereich sind. Das gebratene Kalbsschnitzel, der gesottene Tafelspitz oder der im Pergament gedünstete Saibling sind ideale Mahlzeiten für Menschen, die nach dem Mittagessen noch nicht zum gemütlichen Teil des Tages übergehen können.

Neben den köchelnden Karkassen schneidet nun einer von Wolfgang Schmidts Helfern aus dem frisch gekneteten Teig Schupfnudeln: ein Mann, ein Messer, viele Schupfnudeln – Handwerk eben. Daneben püriert eine blonde Köchin Petersilie. Ein anderer Koch faltet Blätterteig. Die Entenkarkassen bekommen noch mehr Wein. Aber Gutes braucht nicht nur Wein, sondern auch Weile. Obwohl heute zusätzlich zu den normalen Gästen noch zwei Festgesellschaften kulinarisch beglückt werden sollen, nimmt sich Wolfgang Schmidt die Zeit für einen Espresso. Wie gesagt, er ist ein cooler Typ.

Von weitsichtigen Züchtern und einem kostbaren Tier – das Murnau-Werdenfelser Rind

Neben seinem Pschorr am Viktualienmarkt hat Jürgen Lochbihler noch eine zweite Leidenschaft: das Murnau-Werdenfelser Rind. Auf seinem Hof am Taubenberg in Warngau hält er selbst einige Tiere. Außerdem engagiert er sich auch für die Rettung dieser Rinderrasse. Ohne den Einsatz des Fördervereins zur Erhaltung des Murnau-Werdenfelser Rindes wäre das Tier noch mehr vom Aussterben bedroht.

Für diese Bauern zählen Werte, für die in der herkömmlichen Fleischproduktion kaum mehr Platz ist: Natur, denn die Tiere fressen ausschließlich das, was in biologischer Anbauweise auf den eigenen Feldern und Äckern wächst. Freiheit, denn die Tiere entscheiden möglichst selbst, wann sie auf die Weide gehen. Bewusstsein, denn die Züchter begreifen ihre Rinder als Lebewesen im wahrsten Sinne des Wortes. Kommen diese Faktoren zusammen, entsteht ein Rindfleisch, bei dem man mit jedem Bissen die Schönheit Bayerns schmeckt.

Ein Stier namens Michl

Das Geheimnis guten Rindfleischs

Der Michl ist ein Stier und obwohl er noch jung ist und eine Mordskraft hat, ist er an sich ein freundlicher Geselle. Doch heute macht der Michl nicht mit. Umziehen soll er, ein paar Kilometer weiter, von Otterfing bei München auf den Hof der Lochbihlers in der Nähe des Tegernsees. Dort warten acht Kuhdamen darauf, von ihm beglückt zu werden. Aber das kann der Michl ja nicht wissen, und deshalb rührt er sich nicht vom Fleck, so sehr man auch an dem Strick an seinem Hals zieht.

Zum Verreisen gibt es für den Stier auch gar keinen Grund. Michl wohnt nämlich auf dem Arche-Hof von Anja und Georg Schlickenrieder. Und dieser Aussiedlerhof, der herrliche Blicke auf die nahe gelegenen Alpen erlaubt, ist für Tiere eine Art Paradies auf Erden. Dies übrigens nicht, weil der Bauer Schlickenrieder aussieht wie ein bayerischer Bruce Willis. Nein, sondern weil auf diesem Bauernhof Tiere so leben können, wie es zu ihrer Art passt: Sie entscheiden selbst, ob sie im schattigen Stall bleiben oder auf die Weide gehen. Sie fressen, wann sie Lust dazu haben und zwar ausschließlich das, was die Schlickenrieders eigenhändig auf siebzig Hektaren Feld und Ackerland haben wachsen lassen.

„Wir sind nicht klüger als die Kühe", das ist so ein typischer Georg-Schlickenrieder-Satz. Damit will er deutlich machen, dass der Mensch sich nicht zu sehr in die Natur einmischen sollte. Denn die Natur funktioniert ganz gut, wenn man sie lässt.

Der Hof der Schlickenrieders ist ein Arche-Hof. Von dieser Sorte gibt es keine hundert in ganz Deutschland. Die Ernennung zum Arche-Betrieb ist eine Auszeichnung, die nur bekommt, wer alte Haustierrassen züchtet und im Einklang mit der Natur wirtschaftet. Bei den Schlickenrieders leben viele gefährdete Rassen, darunter das Appenzeller Barthuhn und das Sachsenhuhn, das Bunte Bentheimer Schwein, das Braune und das Schwarze Bergschaf und das Murnau-Werdenfelser Rind. Auch

97 081

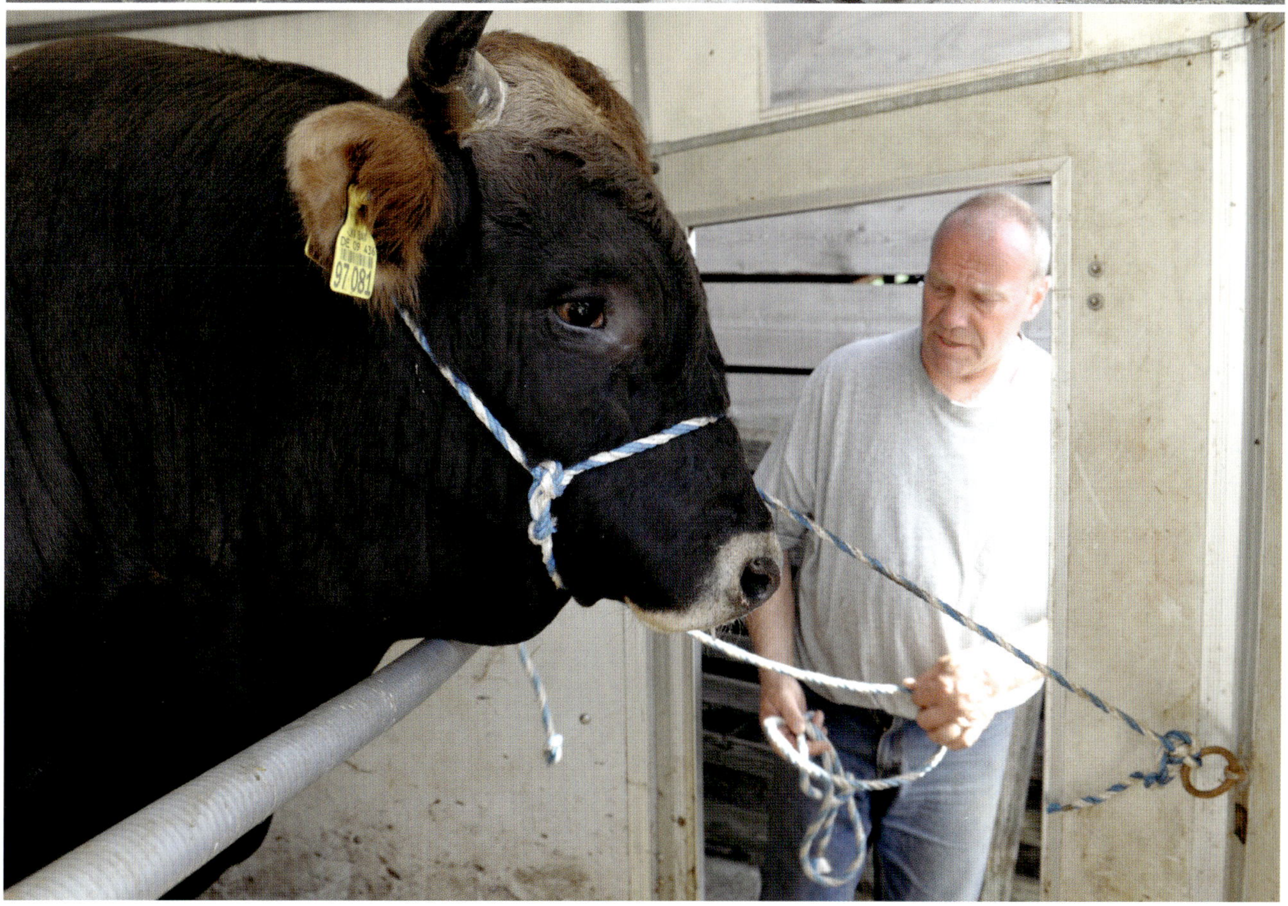
97 081

der Stier Michl gehört zu diesen Rindern, von denen viele ein leuchtend rötlich-braunes Fell und dunkle Ringe um die Augen tragen, die aussehen wie mit einem Kajalstift gemalt.

Vor wenigen Jahren war das Murnau-Werdenfelser Rind, das seine Heimat schon immer im Alpenland hatte, beinahe ausgestorben: Von der über sechzigtausend Tiere umfassenden Population Ende des neunzehnten Jahrhunderts waren nur noch einhundertsechzig Tiere übrig. Dabei ist dieses an steiles Gelände und raues Bergklima gewöhnte Rind nicht nur schön anzusehen, sondern liefert zudem ein Fleisch, das seinesgleichen sucht: Es ist zart und saftig und verfügt doch über einen angenehm festen Biss. Seine Maserung ist elegant, seine Farbe tiefrot und sein Geschmack kerniger und wilder als der von herkömmlichem Rindfleisch.

Weil Jürgen Lochbihler Qualität über alles stellt, konnte er diese hervorragende Fleischquelle nicht versiegen lassen. Auf Initiative von Slow Food München gründete er gemeinsam mit einigen Züchtern den Verein zur Erhaltung des Murnau-Werdenfelser Rindes. Heute gibt es wieder rund eintausend Tiere. Wenn im Pschorr Rindfleisch auf den Tisch kommt, dann stammt es garantiert von einem Murnau-Werdenfelser Rind. Die Tatsache, dass die Pschorr-Küche jedes Jahr rund einhundert Rinder verarbeitet, sichert dem Murnau-Werdenfelser eine Zukunft. Selbstverständlich kennt Lochbihler jeden der Landwirte persönlich, die Kälber und Kühe großziehen und halten, oftmals holt er die Tiere sogar selbst bei den Bauern ab. Von jedem Stück Fleisch, das er seinen Gästen serviert, kann Lochbihler sagen, wo das Rind lebte, was es zu fressen bekam und wo es geschlachtet wurde.

Der besonders gute Geschmack des Fleischs ist dabei nicht nur der Murnau-Werdenfelser Rasse zu verdanken, sondern der Tatsache, dass die Tiere mindestens zweiunddreißig Monate auch auf Weiden und Almen aufwachsen. Aber auch nach dem Schlachten bekommt das Fleisch die Zeit, die es benötigt, um sein volles Aroma zu entfalten: Jedes Stück Rindfleisch, das in der Küche des Pschorr verarbeitet wird, hat je nach Beschaffenheit nach dem Schlachten, als unzerlegtes Tier, zwischen fünf und zehn Tage nachgeruht. Erst dann wird es zerteilt. Anschließend reift es

weitere fünf Wochen vakuumverpackt in Kühlräumen, bis es seinen optimalen Reifegrad entwickelt hat. Weil die Lochbihlers Tiere wertschätzen, ist für sie jedes Teil des Rindes kostbar. So findet der Feinschmecker neben der gängigen bayerischen Küche regelmäßig Traditionsgerichte auf der Speisekarte, die man in anderen Wirtshäusern überhaupt nicht mehr bekommt, zum Beispiel geschmorte Ochsenwade, gebackenen Kalbskopf oder Kuheuter.

Auch die Wertschöpfung ist größer, wenn man ein ganzes Rind verwertet und nicht nur seine feinsten Teile, erklärt Jürgen Lochbihler; er ist ein wandelndes Lexikon der nachhaltigen Lebensmittelherstellung, auch wenn er das jetzt gerade nicht hören mag: Hochkonzentriert bereitet er den Anhänger vor, in den der Michl gleich steigen soll. Man spürt Lochbihlers Vorfreude darüber, dass dieser Prachtstier bald auf der Weide seines Hofs für Nachwuchs sorgen wird.

Diese Art von Viehzucht, die hier gelebt wird, ist der Natur noch sehr nahe. Das mag sich romantisch anhören, aber das Konzept, nach dem naturbewusst und regional arbeitende Erzeuger vorgehen, wirft auch etwas ab. Georg Schlickenrieder, der dem Michl jetzt das Fell massiert und ihm beruhigende Worte ins Ohr flüstert, erklärt es ganz einfach: Viele kaufen Milchpulver für ihre Kälber. Er gibt ihnen die Milch ihrer Mütter, die sowieso da ist. Viele geben eine Menge Geld für Kraftfutter aus. Bei Schlickenrieder ist jeder Grashalm und jedes Schrotkorn, das die Rinder fressen, auf den eigenen Feldern und Äckern gewachsen. Wen wundert es da, dass Anja Schlickenrieder die Schuhe auszieht und in Wollsocken über den Futtertisch steigt – so wird das am Boden liegende Futter nicht verunreinigt. Und weil die Qualität ihrer Murnau-Werdenfelser Rinder erstklassig ist, bekommen die Schlickenrieders natürlich auch mehr Geld für ein Kilo Fleisch bezahlt als manch anderer Landwirt.

Schlickenrieder schläft morgens gerne aus und er fährt einmal im Jahr in den Urlaub. Welcher Bauer macht das schon? Damit das klappt, muss er zusehen, dass die Kühe alle etwa gleichzeitig gedeckt werden und dann auch nah beieinander kalben. Nachhaltige Landwirtschaft kann Spaß machen, auf jeden Fall aber ist sie eine durchdachte Angelegenheit.

Georg Schlickenrieder kann wunderbar die Zusammenhänge zwischen Mensch und Natur erläutern. Regelmäßig führt er Schüler und andere Interessierte über seine Felder und macht deutlich, warum es Sinn macht, Lebewesen mit Respekt zu behandeln. Kinder lauschen seinen ruhigen Ausführungen wie gebannt, und als Erwachsener staunt man und fragt sich, warum nicht alle Tiere, deren Fleisch wir essen, so aufwachsen dürfen wie hier auf der Arche.

„Bist ein Kasperl“, sagt er jetzt zum störrischen Michl, das klingt zärtlich und verständnisvoll, als spräche er zu einem Sohn. Schlickenrieder ist überzeugt von dem, was er tut, aber er drängt diese Überzeugung niemandem auf. „Mein Hof ist nur ein Modell, wie man Tiere artgerecht halten kann, ohne die Umwelt zu schädigen“, sagt er. Was er nicht sagt: Wer so Landwirtschaft betreibt, muss intelligent, vielseitig und fleißig sein.

Schlickenrieder ist auf dem Bauernhof seiner Eltern aufgewachsen, da waren damals zwanzig Kühe. Nie wollte er Landwirt werden. Jedenfalls nicht so, also auf die herkömmliche Art. Aber dann hat er sich doch zum Landwirtschaftsmeister ausbilden lassen. Der Hof, den er vor den Toren seines Heimatorts baute, ist genau der, den er in seiner Abschlussarbeit beschrieben hat. „Mein Ruf war damals schon ruiniert", erzählt er amüsiert, „ich hatte lange Haare." Und als er dann auch noch auf Bio-Landwirtschaft umstieg, wurde er erst recht belächelt. Heute ist das anders. Jeder weiß, dass Schlickenrieders Fleisch hervorragend ist und sein Hof von der Bundesregierung das Prädikat „Demonstrationsbetrieb Ökologischer Landbau" verliehen bekam.

Der Michl weiß nur, dass jetzt gleich etwas passiert. Aber das siebenhundertvierzig Kilogramm schwere Muskelpaket hat Vertrauen zu seinem Bauern, der ihn krault wie eine Hauskatze. Und so lässt sich der Michl von Schlickenrieder zwar ein wenig widerwillig und nicht ohne Umweg, aber zum Glück ohne Stierkampf zum Anhänger führen. Auch die Fahrt zu den acht Kuhdamen lässt er duldsam über sich ergehen. Es ist ja auch nicht weit zum Hof, der malerisch auf einer Lichtung am Taubenberg liegt.

Jürgen Lochbihler fährt rückwärts an die Weide. Neugierig kommen die Kühe heran. Der Michl tritt heraus und ist überrascht: acht Kühe, viele neue Gerüche, ein Wald. Die Leitkuh unterwirft sich gleich, kein Wunder, der Michl ist ein Prachtkerl. Aber in Liebesdingen ist er mit seinen knapp drei Jahren noch unerfahren, und diese Unerfahrenheit brüllt er jetzt aus sich heraus. Mit seinen Hufen gräbt er das Feld auf, macht Bocksprünge, zwischendurch beschnüffelt er die Damen, die im nächsten Jahr seine Kälber auf die Welt bringen werden. Dann muht er wieder in den Wald. Laut hallt das Echo zurück. Ein Naturschauspiel. „So einen wie den haben wir ja noch nie gehabt", staunt Inka Lochbihler, „der röhrt ja wie ein Hirsch."

Allmählich verwandelt sich Michls Aufregung in Zufriedenheit. Bei den Schlickenrieders durfte nur der ältere Stier mit den Kühen auf die Weide. Andernfalls hätte es Rabatz gegeben. Hier, bei den Lochbihlers, dreht sich jetzt alles nur um ihn. Allerdings wird er in ein paar Wochen etliche Kilogramm leichter sein. Acht Murnau-Werdenfelser Rinder zu Müttern zu machen, kostet auch einen muskelbepackten Stier Substanz. Aber – der Michl ahnt es nicht – dies alles geschieht für einen guten Zweck: Damit der Gast im Pschorr in etwa drei Jahren ein schmackhaftes Stück Murnau-Werdenfelser Rindfleisch serviert bekommt, in dem alles steckt, was der anspruchsvolle Genießer schätzt: die bayerische Natur, das bäuerliche Wissen, die Tierliebe und natürlich auch ein Stück vom Michl, der es erzeugte.

Deftiges Ochsengulasch mit Brezenknödeltalern

Für unsere Rindfleischgerichte verwenden wir bei uns im Pschorr ausschließlich Fleisch vom Murnau-Werdenfelser Rind. Heute züchten wieder mehr Bauern aus dem Oberland diese vom Aussterben bedrohte Nutztierrasse, deren fein marmoriertes Fleisch im Geschmack sehr nussig und kernig ist.

FÜR 4 PERSONEN:

Zubereitungszeit 1½ Stunden

800 g Rinderhals oder Schulter
6-8 große Zwiebeln
4-5 EL Öl
100 g edelsüßer Paprika
3 EL Tomatenmark
½ l Rotwein
Salz, Pfeffer
2 Knoblauchzehen, gehackt
Abrieb von 1 Zitrone
½ TL gehackter Kümmel

Für die Brezenknödeltaler:

8 Brezen vom Vortag
1 Zwiebel, in Würfel geschnitten
2 l Milch
4 Eier
evtl. noch etwas Salz
2 EL Öl
50 g Butter

Das Fleisch schneiden wir in grobe Würfel von ca. 5 cm, die Zwiebeln in feine Streifen. Das Öl in einem Topf erhitzen, die Zwiebeln hinzugeben und goldgelb anschmoren.

In der Zwischenzeit würzen wir das Fleisch mit Salz und Pfeffer und mengen es gut mit dem Paprikapulver durch. Wenn die Zwiebeln eine goldgelbe Farbe haben, geben wir zunächst das Tomatenmark sowie den Knoblauch dazu. Schließlich kommt das gewürzte Fleisch in den Topf, wird kurz mit den Zwiebeln vermengt und mit dem Rotwein abgelöscht. Achten Sie darauf, dass das Ganze sofort abgelöscht wird, da sonst das Paprikapulver verbrennt und das Gulasch einen bitteren Geschmack annimmt. Da die Bindung bei unserem Gulasch nur durch die Zwiebeln erfolgt, sollte das Ganze bei mittlerer Hitze reduzieren. Zwischendurch Wasser angießen. Kurz vor Schluss geben wir den Abrieb einer Zitronenschale und den gehackten Kümmel dazu.

Als Beilage servieren wir im Pschorr Brezenknödeltaler und einen aromatischen Gurkensalat mit Dill dazu.

Brezen in Scheiben schneiden, Milch kurz aufkochen und über die Brezen geben, die Eier untermischen. Zwiebel in Öl andünsten und zur Masse geben. Das Ganze zu einem Teig verarbeiten und in einer Klarsichtfolie (oder in einem Küchentuch) fest abbinden. Die Rolle in siedendem Wasser ca. ½ Stunde gar ziehen, danach auskühlen lassen. In Scheiben schneiden und in geklärter Butter goldgelb anbraten.

Rinderroulade aus der Oberschale mit hausgemachtem Kartoffelpüree und frischem Marktgemüse

Wir würzen die Scheiben der Oberschale leicht mit Salz und Pfeffer, reiben sie mit Senf ein und belegen sie mit dem Speck, den in Streifen geschnittenen Zwiebeln und den geviertelten Gurken und Karotten. Dann rollen wir die Rouladen ein und stecken sie mit einem Holzspieß (Zahnstocher) zusammen.

In einem Topf erhitzen wir das Öl und braten die Rouladen von allen Seiten an. Nun nehmen wir die Rouladen aus dem Topf.

Für die Sauce geben wir das in Würfel geschnittene Röstgemüse in den Topf, braten kurz an, geben das Tomatenmark dazu und löschen mit dem Rotwein ab. Nach einiger Zeit können wir die Sauce passieren, legen dann die Rouladen hinein und lassen das Ganze bei mittlerer Hitze 1½ Stunden schmoren.

Für das Püree die Kartoffeln schälen, in Salzwasser kochen, durchpressen, mit Milch und Butter verrühren und mit Salz und Muskat abschmecken.

FÜR 4 PERSONEN:
Zubereitungszeit 2 Stunden
4 Scheiben à 200 g, aus der Oberschale geschnitten
4 Speckscheiben
2 Karotten
4 Essiggurken
2 Zwiebeln
Salz, Pfeffer, Senf
Öl

Für die Sauce:
1 Zwiebel
1 Karotte
1 kleine Sellerieknolle
1 Stange Lauch
¼ l Rotwein
2 EL Tomatenmark

Für das Kartoffelpüree:
4 große mehligkochende Kartoffeln
100 ml Milch
100 g Butter
Salz, Muskat

Geschmorte Ochsenbackerl in kräftiger Rotweinsauce mit Selleriepüree und glacierten Karotten

Wir braten die Ochsenbackerl zunächst rundum an und rösten das in gleichmäßig große Würfel geschnittene Gemüse gleich mit.

Die Ochsenbackerl herausnehmen und das Gemüse weiter rösten. Nun geben wir das Tomatenmark hinzu und löschen das Ganze mit Rotwein ab. Wir legen jetzt die Ochsenbackerl in die Sauce und lassen sie ca. 2 Stunden schmoren. Ab und zu ein wenig Wasser angießen. Nach dem Garen nehmen wir die Ochsenbackerl heraus, passieren die Sauce und montieren sie mit der Butter auf.

Für das Püree die Kartoffeln schälen, in Salzwasser garen, abschütten, mit der Butter, der Crème fraîche und der ebenfalls weich gekochten Sellerieknolle zerstampfen. Mit Salz und Muskat abschmecken.

Für das Gemüse die Zwiebel schälen und in feine Würfel schneiden. Die Butter in einem Topf schmelzen und die Zwiebel darin glasig dünsten. Nun die geschälten und in Scheiben geschnittenen Karotten dazugeben, mit Salz und Zucker würzen und bei geringer Hitze im geschlossenen Topf fertig garen. Die Petersilie fein hacken und vor dem Anrichten darüberstreuen.

FÜR 4 PERSONEN:
Zubereitungszeit 2½ Stunden
4 Ochsenbackerl
Salz, Pfeffer, Öl

Für die Sauce:
1 Karotte
1 kleine Sellerieknolle
1 Stange Lauch
1 Zwiebel
2 EL Tomatenmark
½ l Rotwein
100 g Butter

Für das Püree:
3 große mehligkochende Kartoffeln
½ Sellerieknolle, geschält
3 EL Crème fraîche
100 g Butter
Salz, Muskat

Für das Gemüse:
3 Karotten
1 Zwiebel
50 g Butter
1 Bund Petersilie
Salz, Zucker

Im Rohr geschmorte Ochsenwade mit Dörrobstsauce und Kartoffelnocken, dazu knackige Speckbohnen

Die Ochsenwade würzen und in einem Topf von allen Seiten anbraten, aus dem Topf nehmen, und nun das in Würfel geschnittene Gemüse hineingeben und anbräunen. Wir geben jetzt das Tomatenmark dazu, lassen es kurz mit angehen und löschen es im nächsten Schritt mit dem Rotwein ab, geben die Wade wieder dazu, setzen einen Deckel auf den Topf und lassen das Ganze für ca. 2 Stunden auf kleiner Hitze köcheln. Ab und zu ein wenig Wasser angießen. Danach die Sauce passieren, das Dörrobst in die Sauce einlegen und kurz aufkochen.

Für die Kartoffelnocken geben wir die Kartoffeln auf einem Backblech bei 170 Grad für 45 Minuten in den Ofen. Wenn die Kartoffeln gar sind, werden sie geschält und durch die Kartoffelpresse gedrückt. Unter die Kartoffeln kommen nun das Mehl, Eigelb und das Salz. Soviel Mehl unterarbeiten, bis ein trockener Teig entstanden ist, dies ist je nach Kartoffelsorte unterschiedlich. Auf einer bemehlten Arbeitsfläche formen wir aus dem Kartoffelteig zunächst 3-4 cm dicke Rollen und stechen dann mit einem Teigschaber daumendicke Nocken ab.

Schließlich lassen wir die Kartoffelnocken bei kleiner Hitze im Wasser ca. 15 Minuten gar ziehen, schrecken sie kurz kalt ab und braten sie mit einem Spritzer Öl in einer Pfanne goldgelb an.

Die Bohnen schneiden wir jeweils an den Enden ab, geben sie in einen Topf mit leicht gesalzenem Wasser und kochen sie in ca. 7-8 Minuten gar. Dann in einer Pfanne die Butter zerlaufen lassen, den gewürfelten Speck auslassen, die Bohnen dazugeben und evtl. noch einmal mit etwas Salz und Pfeffer nachwürzen.

FÜR 4-6 PERSONEN:
Zubereitungszeit 2½ Stunden
1 ¼ kg Ochsenwade
1 Karotte
1 kleine Sellerieknolle
1 Stange Lauch
2 Zwiebeln
1 EL Tomatenmark
Salz, Pfeffer
½ l Rotwein
250 g Dörrobst

Für die Kartoffelnocken:
1 kg mehligkochende Kartoffeln
250 g Mehl
5 Eigelb
1 Spritzer Öl
Salz

Für die Bohnen:
500 g Bohnen
50 g gewürfelter Speck
20 g Butter
Salz, Pfeffer

Kronfleisch in Balsamico geschmort, mit frischem Mangold und hausgemachtem Kartoffelstrudel

Karotte, Sellerie, Lauch und Zwiebeln in Würfel schneiden, das Kronfleisch würzen und in einem Topf mit Öl von allen Seiten anbraten, herausnehmen. Jetzt das Gemüse hineingeben, anbraten. Wenn das Gemüse eine dunkelbraune Farbe hat, geben wir Gewürze und den Zucker hinzu und karamellisieren es. Das Ganze nun mit dem Balsamico ablöschen und nach kurzem Reduzieren den Rotwein angießen. Schließlich geben wir das Kronfleisch hinzu und lassen das Ganze bei schwacher Hitze leicht köchelnd ca. 1½ Stunden fertig garen.

Für das Gemüse verwenden wir nur das Blattgrün vom Mangold. Mit einem kleinen Messer schneiden wir am Stiel entlang das Blattgrün heraus, geben das Ganze kurz in kochendes Wasser und schrecken es sofort in kaltem Wasser ab. Kurz vor dem Anrichten lassen wir die Butter in einem Topf aus, geben das Gemüse hinzu und würzen es mit Salz, Pfeffer und Muskat.

Für den Kartoffelstrudel schneiden wir die geschälten Kartoffeln in dünne Scheiben und lassen sie in einem Topf mit der Butter kurz anziehen. Mit Salz, Pfeffer und Muskat würzen und die mit den Eigelb verschlagene Sahne angießen. Anschließend bei schwacher Hitze ca. 20 Minuten garen. Nach 15 Minuten den Rosmarinzweig sowie die angedrückte Knoblauchzehe hinzugeben. Zum Schluss die Masse aus dem Topf auf ein Blech streichen und auskühlen lassen. Für den Strudelteig das Mehl in eine Schüssel geben, eine Mulde bilden und das Eigelb sowie das Wasser und die handwarme Butter mit dem Salz zu einem elastischen Teig verarbeiten. Das Ganze 30 Minuten ruhen lassen. Den Teig nun vorsichtig auf einer bemehlten Fläche ausrollen und mit den in Mehl bestäubten Händen ausziehen. Je dünner, desto besser. Falls Löcher auftreten sollten, einfach ignorieren, da sie beim Zusammenrollen „verschwinden". Den Strudelteig nun auf ein Küchentuch legen, den Rosmarinzweig sowie die Knoblauchzehe aus der Kartoffelmasse entfernen und die Masse auf den ausgebreiteten Strudelteig vorsichtig aufziehen. Die Seitenteile des Strudelteiges einschlagen und das Ganze mit Hilfe des Tuches vorsichtig zu einer Rolle formen. In eine gebutterte Auflaufform oder auf das Ofenblech setzen, mit dem Eigelb einpinseln und für 20 Minuten bei 170 Grad in den vorgeheizten Ofen geben.

FÜR 4 PERSONEN:
Zubereitungszeit 2 Stunden
1 kg Kronfleisch
1 Karotte
1 kleine Sellerieknolle
1 Stange Lauch
2 Zwiebeln
1 Lorbeerblatt
100 ml Balsamico
400 ml Rotwein
3 EL Öl
Salz, Pfeffer
50 g Zucker

Für den Mangold:
2 Stauden Mangold
100 g Butter
Salz, Pfeffer, Muskat

Für den Kartoffelstrudel:
400 g mehligkochende Kartoffeln
50 g Butter
200 ml Sahne
1 Rosmarinzweig
1 Knoblauchzehe
Salz, Pfeffer, Muskat
2 Eigelb

Für den Strudelteig:
250 g Mehl
1 Eigelb
150 ml Wasser
1 Msp Salz
100 g weiche Butter

Kräftige Rinderbrühe

Zunächst braten wir den Tafelspitz mit einer Zwiebel kurz an, damit wir eine schöne Farbe für die Brühe erhalten. Danach geben wir das Suppengrün hinzu, würzen das Ganze im Topf und füllen es mit Wasser auf. Nun lassen wir die Brühe bei mäßiger Hitze ca. 1½ Stunden leicht köchelnd gar ziehen.

FÜR 4 PERSONEN:
Zubereitungszeit ca. 1¾ Stunden
500 g Tafelspitz
1 Bund Suppengrün
1 Zwiebel
Salz, Pfeffer, Muskat

Hausgemachte Leberknödel

Für die Zubereitung der Leberknödel benötigen Sie einen Fleischwolf, oder Sie bitten Ihren Metzger, die Leber durchzulassen.
Wir schneiden die Zwiebel in feine Würfel, hacken die Petersilie und den Majoran klein, geben alles mit einem Spritzer Öl in eine Pfanne und schwenken es kurz an. Dann vermischen wir das Ganze mit dem Semmelknödelbrot, das wir mit der erhitzten Milch übergießen. Zur Leber, die wir zuvor durch den Fleischwolf gedreht haben, geben wir die 4 Eier und den Abrieb einer halben Zitrone, würzen mit Salz und Pfeffer und verarbeiten dann das Semmelknödelbrot und die Leber zu einer homogenen Masse. Das Leberknödelbrät ein wenig ruhen lassen. In dieser Zeit stellen wir in einem Topf Wasser zu und würzen das Wasser mit Salz und der übrigen Zitronenschale. Nun formen wir die Leberknödel, geben sie in den Topf, lassen sie einmal aufkochen und danach ca. 20-25 Minuten gar ziehen.

FÜR 4 PERSONEN:
Zubereitungszeit 1 Stunde
500 g Leber
300 g Semmelknödelbrot
1 Zwiebel
1 Spritzer Öl
1 Bund Petersilie
1 Bund Majoran
100 ml Milch
1 Zitrone
4 Eier
Salz, Pfeffer

Saurer Rindfleischsalat

Bei uns bleibt nichts übrig. Pikantes aus dem Suppenfleisch.
Den gekochten Tafelspitz oder die Schulter aus der Brühe zunächst in dünne Scheiben, danach in Streifen schneiden. Das Gemüse kurz im kochenden Wasser blanchieren und unter das Fleisch mischen. Mit Essig, Salz und Pfeffer würzen und mit dem steirischen Kernöl geschmacklich verfeinern.

FÜR 4 PERSONEN:
Zubereitungszeit 45 Minuten
500 g Tafelspitz oder Schulter
200 g Karotten, Sellerie und Lauch, in Streifen geschnitten
Essig
Salz, Pfeffer
Steirisches Kernöl

Sülze vom Tafelspitz

Ein Resterlessen, das lange Zeit fast vergessen war.
Den gekochten Tafelspitz aus der Brühe zunächst in Scheiben, dann in feine Würfel schneiden. Das Gemüse kurz in kochendem Wasser blanchieren, dann vermischen wir die feinen Fleisch- und Gemüsewürfel miteinander und würzen mit Salz, Pfeffer sowie mit dem Essig. Während wir die Brühe erhitzen, weichen wir die Gelatine in kaltem Wasser ein. Die Brühe vom Herd nehmen, die ausgedrückte Gelatine in die nicht kochende Brühe geben, kurz umrühren, damit sie sich gut in der Flüssigkeit auflöst. Die gewürzte Einlage für die Sülze geben wir nun in Gläser oder Tassen und füllen diese mit der Brühe auf, so dass die Einlage damit bedeckt ist. Die Sülze kommt nun für ca. 2 Stunden in den Kühlschrank. Vor dem Anrichten die Gläser kurz in heißes Wasser tauchen, dann löst sich die Sülze einfacher vom Rand des Glases.

FÜR 4 PERSONEN:
Zubereitungszeit 45 Minuten
400 g Tafelspitz oder Schulter
100 g Karotte, Sellerie und Lauch, in kleine Würfel geschnitten
Salz, Pfeffer
3 EL Essig
½ l Brühe
8 Blatt Gelatine

Das Perger Obstgartenschwein und ein ungewöhnlicher Aristokrat

Diese Schweine müssen einfach glücklich sein: Sie verbringen ihr Leben fern jeglicher Hektik und im Schatten wunderschöner Apfelbäume. Heben sie den Kopf, erblicken sie den oberbayerischen Ammersee und das pittoreske Breitbrunn. Kommt ihr Bauer, der auf dem Bild links so herzlich lacht, sind sie begeistert, denn er verwöhnt sie mit Essen, das ihnen schmeckt und ihrer Natur entspricht.

Aber Johannes von Perger selbst hat auch allen Grund, seine Schweine zu mögen, denn das Bentheimer Landschwein und das Schwäbisch Hällische nehmen ihm bei der Produktion seiner berühmten Perger Fruchtsäfte Arbeit ab. Wie das geht? Wir verraten es gleich. Außerdem erklären wir, wie es kam, dass das Perger Obstgartenschwein den Ruf einer Delikatesse in der Region erlangte. Denn eines steht fest: Wer je das Glück hatte, ein Kotelett des Perger'schen Obstgartenschweins im Pschorr zu kosten, wird beim Essen herkömmlichen Schweins in sanfte Wehmut verfallen.

Ein Schweineglück!

Hier entsteht das beste Schweinekotelett der Welt

Was können Wühlmäuse nur für eine Plage sein! Seit sechzig Jahren hegt und pflegt die Familie Perger am Ammersee Apfelbäume, um aus deren Früchten unbeschreiblich gute Säfte herzustellen. Und beinahe ebenso lange ärgert sich das jeweilige Familienoberhaupt über zwei Dinge: dass Wühlmäuse den Boden rund um die Apfelbäume zerstören; und dass man ständig darauf achten muss, den Boden um die Bäume herum möglichst grasfrei zu halten, damit alle Energie des Bodens dem Baum und seinen Früchten zugute kommt.

Als der derzeitige Herr der Apfelplantagen, Johannes von Perger, vor einigen Jahren einem alten Bauern aus einem Nachbardorf wieder einmal sein Leid klagte, gab dieser ihm einen so einfachen wie genialen Tipp: Johannes von Perger solle doch Schweine unter seinen Apfelbäumen laufen lassen. Die würden sich um beides kümmern – die Wühlmäuse und das Gras. Dem Saftspezialisten gefiel diese Idee. Bereits 1988, also zwei Jahre, nachdem er den Betrieb von seinem Vater übernommen hatte, hatte er auf biologische Obstwirtschaft umgestellt. Das mit den Schweinen passte also wunderbar ins Konzept. Aber würde es auch funktionieren?

Während der Mann mit der markanten Nase, der braun gebrannten Haut und dem herzlichen Lachen diese unglaubliche Geschichte erzählt, quiekt und grunzt es munter um ihn herum. Es ist eine Horde Bentheimer und Pietrain Schweine sowie Schwäbisch Hällischer Landschweine, die sich über die Ankunft ihres Besitzers freut. Der Ratschlag des alten Bauern war nämlich gut. Hatte Johannes von Perger anfangs noch mit weniger Schweinen einen Feldversuch gestartet, umfasst die Meute heute um die siebzig Tiere. Den Wühlmäusen wurde es wegen des dauernden Schweinegetrappels und dem unermüdlichen Gewühle der Grunztiere zu ungemütlich. Relativ bald nach Ankunft der fröhlichen Schweine sind die Plagegeister aus den Apfelplantagen weggezogen. Und das Gras, das den Bäumen die Kraft raubte, fressen die Schweine seither auch gleich noch weg. Kein Mensch muss es mehr mühevoll wegrupfen oder maschinell entfernen.

Jetzt aber kommt der Clou, der dieses ganze Modell zu einem kleinen Wunder macht: Die Schweine sind nicht nur nützlich. Nein, ihr Fleisch hat einen Geschmack und eine Konsistenz, die auch anspruchsvollste Feinschmecker in Verzückung geraten lassen. Wer jemals ein Kotelett vom Perger Obstgartenschwein im Pschorr probiert hat, wird dieses Erlebnis nie wieder vergessen. Manch ein Gast behauptet gar, noch nie in seinem Leben ein besseres Schweinefleisch gegessen zu haben.

Ein Grund für die ausnehmend gute Qualität liegt in der besonderen Muskulatur der alten Schweinerassen: Sie erlaubt Fetteinlagerungen, die das Fleisch beim Braten zart und saftig halten. Außerdem gibt Johannes von Perger den Schweinen Zeit zum Wachsen. Elf bis vierzehn Monate bleiben die possierlichen Tiere bei ihm, ehe sie sich in köstliches Kotelett, Filet und Schinken verwandeln. Zum Vergleich: Wenn man im Supermarkt Fleisch kauft, wurde das Schwein meist binnen dreier hektischer Monate hochgemästet. Spätestens beim Braten merkt man den Unterschied, denn minderwertiges Fleisch verliert viel Flüssigkeit. Die Tiere mussten viel zu schnell ein bestimmtes Gewicht erreichen. Vom Geschmack ganz zu schweigen: Im Vergleich zu einem Perger Obstgartenschwein schmeckt ein herkömmliches Stück Schweinefleisch ziemlich langweilig.

Bei Johannes von Perger kommen aber noch weitere natürliche Geschmacksveredler hinzu – seine Schweine leben in Ruhe. Denn das ist erwiesen: Der Stress, den ein Tier im Laufe seines Lebens erfährt, schlägt sich im Geschmack seines Fleischs nieder. Die Bunten Bentheimer und die Schwäbisch Hällischen bei Perger aber tollen fröhlich im Obstgarten umher. Obendrein bekommen sie gutes Essen: Zusätzlich zu dem, was sie unter Apfelbäumen, Johannisbeersträuchern und Hollerbüschen an Fallobst, Gras und Kräutern finden, füttert sie Johannes von Perger mit einem speziellen Trunk aus Buttermilch. Diese Fütterungen sind auch der Grund, warum die Schweine Johannes von Perger lieben und sofort begeistert angerannt kommen, wenn er sich ihnen nähert.

Auch jetzt kredenzt er ihnen wieder etwas von der nahrhaften und durch und durch natürlichen Milch, und sofort steigt der Quiekpegel, es ist eine Schau! „Wenn sie sich beim Essen nicht raufen, dann war's nix“, sagt Johannes von Perger und lacht schon wieder sein freundliches Lachen. Er mag seine Schweine, das sieht man auf den ersten Blick. Ihr Fleisch ist in der Region längst eine gefragte Delikatesse. Dennoch zögert der erfahrene Obstbauer damit, die Schweineherde zu vergrößern, denn die Viecher machen natürlich auch viel Arbeit. Betrachte man die Fleischproduktion isoliert, meint er, dann stünden Aufwand und Ertrag in keinem Verhältnis: Alle vier Wochen müssen die Schweine umziehen in einen anderen hektargroßen Obstgarten. Das komplette Areal muss neu umzäunt werden. Alle zwei Monate kommen dreißig neue Schweine hinzu und es werden ebenso viele abgegeben, einige davon sichern sich die Wirte des Pschorr. Anders als die Obstbäume müssen die lustigen Grunztiere täglich gefüttert werden. Aber natürlich: Die Wühlmäuse, die mehrere Generationen der Pergers getriezt haben, sind weg. Das rechnet Johannes von Perger den Schweinen hoch an. Er wird sie auch weiterhin verwöhnen.

Die Fütterung ist beendet, der Obstaristokrat macht ein paar Schritte von der hölzernen Futterstation weg und tritt zwischen die Bäume. Ein kleines Schwein folgt ihm, schnüffelt an seinem Fuß wie ein treuer und verspielter Hund. Der Biolandbauer geht in die Knie und streichelt es am Bauch. Wenn man ihn so sieht, mag man gar nicht glauben, dass er wirklich ein Freiherr ist. Aber womöglich muss man den Adelstitel hier, zwischen frechen Schweinen und gesunden Obstbäumen, völlig neu interpretieren. Der Blick jedenfalls, den man von der Anhöhe aus über das ursprüngliche Breitbrunn hinweg auf den Ammersee werfen kann, ist frei und herrlich. Wäre man nicht unter Schweinen, könnte man auch sagen: sauschön.

Gegrilltes Kotelett vom Perger Obstgartenschwein mit buntem Salat und Apfelspalten in Zitronen-Orangen-Vinaigrette

Auch unser Schweinefleisch beziehen wir ausschließlich von Züchtern aus der Region. Eine Spezialität stellt das Perger Obstgartenschwein dar, und das gegrillte Kotelett bringt seine Vorzüge besonders zur Geltung. Durch das Karamellisieren des Fettrandes bei großer Hitze erhält es seinen typischen, an süße Äpfel erinnernden Geschmack – ein Genuss, der von vielen geschätzt wird.

Wir schneiden die Schwarte der Koteletts ein und braten sie kurz in der Pfanne an, bevor wir sie für 20 Minuten bei 200 Grad in den vorgeheizten Ofen schieben. Dabei werden die Koteletts mit Alufolie hochkant festgesteckt und mit Rosmarin, Thymian und Knoblauch gewürzt.

In der Zwischenzeit den Salat sowie die anderen Zutaten putzen. Für das Dressing den Abrieb einer Orange sowie der Zitrone in eine Schüssel geben. Den ausgepressten Saft der Zitrusfrüchte sowie alle anderen Zutaten bis auf das Olivenöl miteinander verrühren und abschmecken.

Das Olivenöl erst kurz vor dem Anrichten unter das Dressing geben.

FÜR 4 PERSONEN:
Zubereitungszeit 40 Minuten
4 Koteletts à 220 g
4 Rosmarinzweige
4 Thymianzweige
4 Knoblauchzehen
Salz, Pfeffer
1 Spritzer Öl

Für den Salat:
1 Lollo Rosso
1 Friséesalat
100 g Feldsalat
2 säuerliche Äpfel, z. B. Braeburn
100 g Kirschtomaten
1 Schale Kresse
2 Karotten, in Streifen geschnitten

Für das Dressing:
2 Orangen
1 Zitrone
Abrieb von 1 Orange und 1 Zitrone
Salz, Zucker
10 ml Balsamico bianco
40 ml sehr gutes Olivenöl

Krustiger Schweinsbraten aus der Schulter nach altbayrischer Art mit hausgemachten Semmelknödeln und Speck-Krautsalat

Die frische dicke Schulter würzen wir bereits am Vortag gut mit Salz und Pfeffer, Knoblauch und Kümmel. Den gewürzten Schweinsbraten braten wir in einem Bräter auf der Schwartenseite ca. 20 Minuten im Ofen bei 180 Grad an. Danach herausnehmen und das in Würfel geschnittene Gemüse anbraten. Nun das Tomatenmark dazugeben, kurz angehen lassen und dann mit dem dunklen Bier auffüllen. Schließlich den Schweinsbraten dazugeben und für ca. 1 Stunde bei 110 Grad in den Ofen schieben. Von Zeit zu Zeit ein wenig Wasser angießen.

Für den gesurten Schweinsbraten setzen wir einen Topf mit Wasser auf, geben das Lorbeerblatt, 3-4 Wacholderbeeren, das Grün der Lauchstange, die Hälfte des Selleries sowie eine halbe Karotte dazu und kochen das Ganze auf. Dann legen wir das Fleisch ein und schalten die Temperatur soweit zurück, dass das Fleisch ca. 1½ Stunden langsam vor sich hinköchelt.

Für die Knödel schneiden wir die Semmeln in ca. ½ cm große Würfel, erhitzen die Milch in einem Topf und übergießen damit die Semmelwürfel. Dann die würfelig geschnittene Zwiebel in einer Pfanne mit wenig Öl glasig anschwitzen, die gehackte Petersilie dazugeben, nochmals durchschwenken und unter die Semmelwürfel mischen. Mit Salz, Muskat und Pfeffer abschmecken und zum Schluss die Eier unterheben. Die Semmelmasse ca. 20 Minuten ziehen lassen. Nun formen wir die Knödel und geben sie in siedendes Salzwasser. Nach ca. 20 Minuten, wenn die Knödel an der Oberfläche schwimmen, herausnehmen.

Für den Krautsalat vierteln wir den Krautkopf und schneiden den Strunk heraus, dann schneiden wir die Viertel in feine Streifen. Die geschälte Zwiebel schneiden wir in Würfel und schwenken sie in der Pfanne mit dem Speck an. Das geschnittene Kraut würzen wir mit Salz, Pfeffer, Essig und Öl, geben den Kümmel hinzu, mischen das Ganze gut durch und fügen zum Schluss die Zwiebel und den Speck hinzu. Schließlich lassen wir den Krautsalat gut ½ Stunde ziehen. Vor dem Anrichten nehmen wir den Schweinsbraten aus der Sauce und krusten ihn bei 230 Grad für 15 Minuten im Ofen auf. In der Zwischenzeit passieren wir die Sauce und schmecken sie nochmals ab.

FÜR 4 PERSONEN:

Zubereitungszeit 3 Stunden

700 g dicke Schweineschulter
700 g Schweineschulter, gepökelt und gegart
1 Karotte
1 kleine Sellerieknolle
2 Zwiebeln
1 Stange Lauch
1 Flasche dunkles Bier
1 EL Tomatenmark
20 g Kümmel
2 Knoblauchzehen
1 Lorbeerblatt
3-4 Wacholderbeeren
Salz, Pfeffer, Öl

Für die Semmelknödel:

4 Semmeln vom Vortag
200 ml Milch
3 Eier
Salz, Pfeffer, Muskat
1 Zwiebel
1 Bund Petersilie

Für den Speck-Krautsalat:

1 mittelgroßer Kopf Weißkraut
1 Zwiebel
50 g gewürfelter Speck
Essig nach Geschmack
30 ml Öl
2 EL Öl zum Anbraten
½ EL Kümmel
Salz, Pfeffer

Kalter Braten von der Schweineschulter mit leichter Senfmayonnaise und Tomatencrostini

Ein Gericht speziell für wärmere Tage, vor allen Dingen, wenn vom Schweinsbraten etwas übrig bleibt.

Das Baguette in 12 Scheiben schneiden, den Knoblauch zerdrücken, mit ein wenig Olivenöl vermischen und die Brotscheiben damit einstreichen. Die Tomaten vom Strunk befreien, auf der anderen Seite über Kreuz einschneiden, kurz in kochendes Wasser geben und gleich in kaltem Wasser abschrecken. Nun lässt sich die Haut der Tomate lösen. Im Anschluss die Tomaten vierteln, das Kerngehäuse herausschneiden, das Tomatenfleisch würfeln und mit den anderen Zutaten vermischen. 20 Minuten ziehen lassen. Vor dem Anrichten die Baguettescheiben rösten, mit den Tomaten belegen und noch warm servieren.

Für die Mayonnaise alle Zutaten bis auf das Öl in einen Mixer geben. Nun den Mixer anschalten und langsam das Öl hinzugeben. Das Fleisch auf einem Teller anrichten, die Mayonnaise darüber verteilen und mit Klarsichtfolie abgedeckt für 30 Minuten in den Kühlschrank stellen.

FÜR 4 PERSONEN:
Zubereitungszeit 1 Stunde
400-500 g Schweinsbraten, auf der Aufschnittmaschine geschnitten

Für die Mayonnaise:
2 Eigelb
1 EL mittelscharfer Senf
1 Spritzer Essig
Salz, Pfeffer
30 ml kalte Brühe oder Kalbsfond
200 ml Öl

Für die Tomatencrostini:
1 Baguette, kann auch vom Vortag sein
4 Knoblauchzehen
2 EL Olivenöl
5 Fleischtomaten
Salz, Pfeffer
Balsamico
1 Bund Basilikum

Der Pschorr

Pschorrs Knöcherlsülze aus Schweinsfuß und Schwanz mit reschen Bratkartoffeln

Dieses Gericht ist geradezu ein Paradebeispiel für das Prinzip der Nachhaltigkeit und die perfekte Resteverwertung in der Küche des „Pschorr".

Das Gemüse putzen und in gleich große Stücke schneiden. Das Schweinerne gründlich waschen und mit kaltem, gut gewürztem Wasser (Salz, Pfeffer, Lorbeerblatt, Wacholderbeeren und Knoblauchzehen) zum Kochen bringen, danach bei kleinerer Hitze leicht vor sich hinköcheln lassen. Ab und zu den Schaum an der Oberfläche abschäumen, damit der Sulzenstand klar bleibt.

Nach ca. 1 Stunde das Gemüse dazugeben und weitere 20 Minuten mitköcheln lassen. Nun das Schweinerne mit dem Gemüse aus dem Sulzenstand herausnehmen und kurz auskühlen lassen. Den Sulzenstand nochmals um ein Drittel reduzieren, wodurch die Sülze fester wird.

Nun lösen wir das Fleisch vollständig von den Knochen ab und schneiden es in mundgerechte Stücke, die wir mit dem gegarten Gemüse in einen Suppenteller setzen und mit dem Fond aufgießen, dass Fleisch und Gemüse vollständig bedeckt sind.

Die Teller nun für gut 3 Stunden in den Kühlschrank stellen.

Die Kartoffeln ca. 30 Minuten kochen, schälen, auskühlen lassen und in dünne Scheiben schneiden. In heißem Schweineschmalz oder Butterschmalz goldgelb anbraten, kurz vor dem Ende Zwiebelwürfel dazugeben und mit den Kräutern verfeinern.

FÜR 4 PERSONEN:
Zubereitungszeit 2 Stunden (plus 3 Stunden)

2 kg Schweinsfuß und Schwanz
1 Karotte
1 kleine Sellerieknolle
1 Stange Lauch
1 Lorbeerblatt
4-5 Pfefferkörner, zerdrückt
2-3 Wacholderbeeren
2 Knoblauchzehen
Salz, Pfeffer
1 Msp Salz
100 g weiche Butter

Für die Bratkartoffeln:

600 g festkochende Kartoffeln
1 Zwiebel, in Würfel geschnitten
1 Bund Majoran
1 Bund Petersilie
Salz, Pfeffer
50 g Schweineschmalz oder Butterschmalz

Braumeisterschnitzel gefüllt mit Schinken und Käse, dazu resche Bratkartoffeln

Bestes Fleisch und bester Käse gehen in diesem einfachen und schnellen Gericht eine ideale Verbindung ein.

Wir klappen die Lendenscheiben auf, würzen sie mit Salz und Pfeffer und belegen eine Seite mit dem Schinken und dem Käse. Das Ganze decken wir mit der anderen Seite ab und drücken den Rand ein wenig an, so dass der Käse beim Ausbacken nicht ausläuft. Das Fleisch nun von allen Seiten mit Mehl bestäuben und in der Pfanne auf jeder Seite ca. 4-5 Minuten auf mittlerer Hitze braten.

Die Kartoffeln ca. 30 Minuten kochen, schälen, auskühlen lassen und in dünne Scheiben schneiden. In heißem Schweineschmalz oder Butterschmalz goldgelb anbraten, kurz vor dem Ende Zwiebelwürfel dazugeben und mit den Kräutern verfeinern.

FÜR 4 PERSONEN:

Zubereitungszeit 30 Minuten

4 Stück Schweinelende à 180 g, wie ein Schmetterling geschnitten
4 Scheiben gekochter Schinken
200 g Reibkäse aus der Naturkäserei TegernseerLand
100 g Mehl zum Bestäuben
Salz, Pfeffer

Für die Bratkartoffeln:

600 g festkochende Kartoffeln
1 Zwiebel, in Würfel geschnitten
1 Bund Majoran
1 Bund Petersilie
Salz, Pfeffer
50 g Schweineschmalz oder Butterschmalz

Dieser Bauer rettet das Braune und das Schwarze Bergschaf vor dem Aussterben

Seine Frau, die studierte Biologin Anja Schlickenrieder, sei schon eine sehr gute Ergänzung für ihre gemeinsame Arbeit, sagt der Landwirtschaftsmeister Georg Schlickenrieder aus Otterfing in Oberbayern. Gemeinsam betreiben die beiden einen der wenigen Arche-Höfe Deutschlands, wo sie sich mit großem Einsatz dem Erhalt bedrohter Tierrassen widmen. Zu diesen seltenen Tieren zählen auch das Braune und das Schwarze Bergschaf.

Wir besuchen die Schlickenrieders auf ihrem idyllischen Aussiedlerhof und bekommen anschaulich die Zusammenhänge zwischen Haltung und Fütterung der Tiere und dem Geschmack des so entstehenden Lammfleischs erklärt. Dabei verheimlicht Georg Schlickenrieder nicht einmal die Schwächen seiner Schafe: Sie zählten nicht zu den klügsten Bewohnern seines Bauernhofs. Latscht eines voran, tappen alle anderen hinterher, lammfromm eben.

Frischluft und Sonne

Und was Schlickenrieders Lammfleisch noch auszeichnet

So ausgeglichen wie das Gemüt des Georg Schlickenrieder ist, könnte er genauso gut Yogalehrer oder Mönch in Tibet sein. Aber der Landwirt lebt im oberbayerischen Otterfing, und auch im Stimmungsbarometer ruhiger Menschen gibt es Ausschläge nach oben. Die bekommt man bei ihm zum Beispiel zu hören, wenn er erklärt, weshalb seine Schafe und Lämmer keine Silage zu fressen bekommen. Silage ist Grünfutter, also zum Beispiel Gras, das durch Milchsäuregärung in einem Silo haltbar gemacht wurde. Viele Landwirte füttern ihre Tiere mit dieser Nahrung. Doch Georg Schlickenrieder hält rein gar nichts davon. „Die wollen das immer nicht glauben", erklärt der Chef des nach ihm benannten Arche-Hofs, „aber man schmeckt es dem Fleisch an, wenn das Tier Silage gefressen hat." Außerdem lagert sich im Fleischgewebe mehr Wasser ab. Das kann er nicht brauchen. Seine Lämmer fressen Heu, das Gras von der Weide und zusätzlich Grascobs, die aus eigenem Gras durch Trocknen und Pressen hergestellt und in runde Form gebracht wurden – unter strenger Kontrolle und auf hundertprozentig biologische Weise. Deshalb ist das Fleisch der Lämmer aus Otterfing von größerer geschmacklicher Tiefe und hat mehr Biss. Im Pschorr kommt das Lammfleisch vom Arche-Hof in Topf und Pfanne. Vor allem um Ostern und Weihnachten herum bieten Inka und Jürgen Lochbihler in ihrem Wirtshaus Lammfleischgerichte an.

Um die hohe Qualität garantieren zu können, hat man sich auf dem Arche-Hof dazu entschlossen, einiges anders zu machen als sonst in der Landwirtschaft üblich. Auch setzt man auf zwei aussterbende Rassen, das Braune und das Schwarze Bergschaf. Vom Braunen Bergschaf gibt es nur noch etwa eintausend reinrassige Zuchttiere. Dabei ist diese Rasse besonders robust. Aber irgendwann wollte die braune Wolle niemand mehr verarbeiten, weil sie sich schlecht färben lässt. Von Jahr zu Jahr gab es immer weniger der wuscheligen Lebewesen, die sich wunderbar in das oberbayerische Landschaftsbild einfügen. Erst in den siebziger Jahren erinnerte man sich der Vorzüge der Rasse wieder.

Georg Schlickenrieder und seine Frau Anja, eine studierte Biologin, wandten sich den Bergschafen aber nicht nur zu, weil sie sich um die Artenvielfalt sorgten, sondern auch, weil das Fleisch ihrer Lämmer mit seinem kraftvollen Aroma den Gaumen auf besonders filigrane Weise verwöhnt.

Wie die anderen Tiere auf dem Arche-Hof, dessen Betreiber sich dem Erhalt aussterbender Tierrassen verschrieben haben, genießen auch die Lämmer und Schafe größtmögliche Freiheit: Von Mai bis etwa November – je nachdem, wann der Winter mit Schnee und Eis endgültig in dem knapp dreißig Kilometer südlich von München liegenden Ort Einzug hält – sind sie Tag und Nacht auf der Weide und ernähren sich von dem, was die Natur ihnen schenkt.

Aber auch im Winter treiben die Schlickenrieders ihre Schafe jeden Tag hinaus, und wenn es an eiskalten Tagen auch mal nur für zwei Stunden ist. „Tiere brauchen Sonne und frische Luft", sagt Georg Schlickenrieder mit Überzeugung, während er zärtlich ein Schaf krault. Und schiebt gleich hinterher, dass dieses Hinaustreiben der Tiere aber noch viel mehr Vorteile mit sich bringt: Schafe, die zu viel im Stall sind, treten sich Dreck zwischen die Klauen, den sie nicht mehr loswerden. Daraus können leicht Entzündungen entstehen. Dadurch, dass seine Schafe auch in den kalten Monaten täglich nach draußen traben und auf dem hart gefrorenen Boden der Weide umherlaufen, fällt etwaiger Dreck ganz von selber von den Füßen. Einfacher als auf diese natürliche Art lassen sich Entzündungen, zum Beispiel der Klauenspalten, nicht vermeiden. Zudem können Anja und Georg Schlickenrieder, während die Schafe draußen nach Grashalmen fahnden, drinnen den Schafstall frisch einstreuen und Wasser auffüllen. Wollen die Tiere wieder rein, stellen sie sich am Gatter auf. Das Wesen des Schafs ist tatsächlich lammfromm, jedenfalls meistens. Wenn der Otterfinger Bauer mit dem Futtereimer kommt und scheppert, trottet die etwa sechzig Mutterschafe umfassende Herde hinter ihm her und bezieht ihr frisch gemachtes Zuhause. Allerdings zähle das Schaf nicht zu den intelligentesten Tieren, verrät der Landwirtschaftsmeister: Wenn eines vorausgehe, gingen alle mit – egal wohin. Auch hätten die Schafe „es nicht so mit dem Schatten heraus wie die Kühe": Zwar legten sie sich im Sommer schon unter einen Baum. Aber wenn die Sonne wandere und mit ihr der Schatten, dann blieben

die Schafe oftmals an derselben Stelle liegen. „Die schaffen es nicht, dem Schatten zu folgen", meint Georg Schlickenrieder und schüttelt den Kopf – auch nach so vielen Jahren als Bauer ist er noch immer fasziniert von den Tieren und ihren Eigenheiten.

Hellwach müssen die Arche-Hof-Landwirte sein, wenn eines der Muttertiere gelammt hat. Denn wenn sie die Lämmer nicht sofort in Sicherheit bringen – meist werfen die Schafsmütter Zwillinge –, ist oft schon der Fuchs zur Stelle. „Und am nächsten Morgen fehlt ein Lamm", sagt Georg Schlickenrieder. Deshalb nimmt er die frisch geborenen Lämmer und ihre Mütter immer gleich mit in den Stall und lässt sie dort ein paar Tage geschützt vor dem Fuchs erstarken, ehe er sie wieder zur Herde hinauslässt. Bei jedem Tier, das geboren wird, dokumentiert er alles Wichtige ganz genau – „wer der Papa ist und wer die Mama" zum Beispiel. Dies ist für ihn als Züchter der seltenen Schafsrassen wichtig, aber auch für seine Abnehmer. Denn diese fühlen sich ihren Gästen im Pschorr gegenüber verpflichtet, die Herkunft der von ihnen servierten Lebensmittel genauestens zurückverfolgen zu können. Neben dem hervorragenden Geschmack der Lammgerichte ist es auch die Verlässlichkeit der Bezugsquellen, die für Genießer den Pschorr zu einem besonderen kulinarischen Ort machen.

Lammragout mit Tomatenkrapfen und Bärlauchspätzle

Das Lammfleisch in mundgerechte Stücke schneiden, würzen und in einem Topf in Öl anbraten. Nun geben wir das Gemüse in fein geschnittenen Würfeln dazu und rösten es kurz mit an. Schließlich den Knoblauch, danach das Tomatenmark zufügen, alles nochmals kurz anbraten und mit dem Rotwein auffüllen. Das Ganze ca. 1 Stunde bei mittlerer Hitze köcheln lassen, zwischendurch immer wieder ein wenig Wasser angießen. 10 Minuten vor Schluss geben wir den gehackten Rosmarin und Thymian dazu.

Für die Tomatenkrapfen stellen wir einen Topf mit Wasser zu und bringen es zum Kochen. Nun schneiden wir die Tomaten an der Oberseite über Kreuz ein, blanchieren sie für ca. 10 Sekunden im kochenden Wasser, nehmen sie heraus und schrecken sie sofort in kaltem Wasser ab. Wir befreien die Tomaten vollständig von der Haut und stellen sie beiseite.

Für den Weinteig geben wir das Mehl in eine Schüssel, bilden in der Mitte eine Mulde, geben das Eigelb, den Weißwein sowie ein wenig Salz und Pfeffer dazu und verrühren das Ganze mit einem Schneebesen zu einem noch flüssigen Teig. In einer anderen Schüssel schlagen wir das Eiweiß zu Schnee und heben es unter den Weinteig. Nun nehmen wir die enthäuteten Tomaten, ziehen sie durch den Weinteig, legen sie vorsichtig in das in einem Topf erhitzte heiße Öl und backen sie goldgelb aus. Sollten die Tomaten zu feucht sein, mehlieren wir sie ein wenig, dann bleibt der Weinteig besser haften. Schließlich werden die Krapfen auf einen Teller mit Küchenkrepp gelegt und im Ofen bei ca. 60 Grad bis zum Anrichten warm gehalten.

Für die Bärlauchspätzle Mehl in eine Schüssel geben, eine Mulde bilden und die zuvor mit dem fein gehackten Bärlauch verquirlten Eier in die Mulde geben. Salz hinzufügen und nun die Zutaten von innen nach außen miteinander zu einem geschmeidigen Teig verarbeiten. Den Teig mit einem Löffel solange schlagen, bis er Blasen wirft, danach ca. 20 Minuten ruhen lassen. Nun stellen wir in einem großen Topf Wasser zu. Sobald das Wasser kocht, geben wir den Spätzleteig in eine Spätzlereibe und reiben die Spätzle in das Wasser. Wenn die Spätzle an der Oberfläche schwimmen, sind sie fertig und können mit einem Sieb abgeschöpft werden.

FÜR 4 PERSONEN:
Zubereitungszeit 1¾ Stunden
1 kg Lammschulter
1 Karotte
1 kleine Sellerieknolle
2 Zwiebeln
1 Stange Lauch
1-2 EL Tomatenmark
2 Knoblauchzehen
1 Rosmarinzweig
1 Thymianzweig
½ l Rotwein
Salz, Pfeffer
1 Spritzer Öl

Für die Tomatenkrapfen:
200 g Kirschtomaten
200 g Mehl
2 Eier
100 ml Weißwein
Salz, Pfeffer
1 l Öl zum Ausbacken

Für die Bärlauchspätzle:
500 g Mehl
4 Eier
1 Bund Bärlauch
3 Eigelb
Salz

Gefüllte Lammbrust mit Tomaten-Zucchini-Törtchen und kleinen Ofenkartoffeln

Für die Füllung geben wir die handwarme Butter in eine Schüssel und schlagen sie mit einem Handrührgerät schaumig. Nun fügen wir nach und nach die Eier hinzu und schlagen das Ganze so lange, bis die Butter die Eier vollständig aufgenommen hat. Die Karotte und den Lauch schneiden wir in feine Würfel, blanchieren sie kurz in kochendem Wasser und schrecken sie in kaltem Wasser ab. Zum Schluss arbeiten wir die Brotwürfel zusammen mit den Gemüsewürfeln und den fein gehackten Kräutern in die Buttermasse ein.

Im nächsten Schritt würzen wir die Lammbrust innen und außen und geben die Brotfüllung in die vorgeschnittene Tasche. Mit Fleischnadel und Metzgerfaden die Öffnung zunähen. Wir geben das Öl in einen Bräter und braten die Lammbrust langsam an. Dann nehmen wir sie heraus, geben das Tomatenmark, die Schalotten, den Knoblauch, die halbierten Frühlingszwiebeln und die halbierten Fleischtomaten in den Bräter, lassen das Ganze kurz angehen und löschen es dann mit dem Wasser ab. Schließlich kommt die Lammbrust mit den restlichen Zutaten zurück in den Bräter, den wir jetzt für 1½ Stunden bei 150 Grad in den Ofen schieben.

Für die Ofenkartoffeln streuen wir das Salz auf ein Ofenblech, legen die sauber gewaschenen halbierten Kartoffeln mit den Kräutern darauf und backen sie bei 180 Grad für 25 Minuten im Ofen gar.

Für die Tomaten-Zucchini-Törtchen schneiden wir die Zucchini und die Tomaten in gleich große Scheiben. Den Blätterteig rollen wir aus und legen ihn in 4 feuerfeste Auflaufförmchen, wobei wir mit einer Gabel den Boden des Blätterteiges durchstechen. Wir backen den Teig bei 160 Grad 5 Minuten im Ofen an, nehmen ihn heraus und belegen ihn abwechselnd mit den Tomaten und den Zucchini. Dann verrühren wir das Eigelb mit dem geriebenen Parmesan und der Sahne und gießen damit die Törtchen an, die wir schließlich bei 180 Grad 10 Minuten im Ofen fertig backen.

FÜR 4 PERSONEN:
Zubereitungszeit 2 Stunden
1 Lammbrust (vom Metzger eine Tasche einschneiden lassen)
1 Rosmarinzweig
1 Thymianzweig
1 Knoblauchzehe
2 Fleischtomaten
100 g Schalotten
1 Bund Frühlingszwiebeln
1 TL Tomatenmark
½ l Wasser
3 EL Öl

Für die Füllung:
500 g Semmelknödelbrot
200 g Butter
4 Eier
1 Rosmarinzweig
1 Thymianzweig
1 Karotte
½ Stange Lauch
1 Bund Petersilie

Für die Ofenkartoffeln:
200 g kleine festkochende Kartoffeln
50 g grobes Salz
1 Rosmarinzweig
1 Thymianzweig

Für die Tomaten-Zucchini-Törtchen:
1 Zucchini
2 Fleischtomaten
100 g Blätterteig
10 ml Sahne
2 Eigelb
50 g geriebener Parmesan

Gesottene Lammzüngerl auf cremigem Bärlauchrisotto mit leichtem Meerrettichschaum

Lammzüngerl sind schwer zu bekommen und sollten daher rechtzeitig beim Metzger bestellt werden.

Für den Sud spicken wir die halbierte Zwiebel mit Lorbeerblatt und Nelken. Dann bringen wir das Wasser in einem Topf zum Kochen, geben Salz, Pfeffer, die gespickte Zwiebel sowie die Lammzüngerl hinein und lassen das Ganze auf mittlerer Hitze ca. 45 Minuten leicht köcheln. Danach nehmen wir die Züngerl aus dem Sud und lassen sie kurz abkühlen. Den Sud passieren wir durch ein feines Sieb (oder Passiertuch) und stellen ¾ l für den Risotto und 200 ml für die Sauce bereit.

Für die Sauce 50 g Butter in einem Topf schmelzen, die fein gehackten Schalotten hinzugeben und glasig dünsten. Mit dem Züngerlsud auffüllen und auf die Hälfte reduzieren. Anschließend den Meerrettich einrühren und die Sahne angießen. Danach warm stellen. Vor dem Anrichten die übrige Butter dazugeben und mit dem Stabmixer aufmixen.

Für den Risotto bereiten wir zunächst ein Bärlauchpesto zu, indem wir den Bärlauch zusammen mit den angerösteten Pinienkernen, dem Olivenöl und dem Parmesan in einen Mixer geben und das Ganze zu einer cremigen Masse verarbeiten. Nun geben wir 50 g Butter in einen Topf und schmelzen sie. Darin den Risottoreis glasig andünsten, vorsichtig würzen und mit dem Weißwein ablöschen. Nach und nach mit dem Züngerlfond aufgießen. Der Risotto sollte immer leicht mit Flüssigkeit bedeckt sein und diese langsam aufnehmen. Häufig rühren, nach ca. 20 Minuten ist der Risotto fertig. Wir geben nun das Pesto dazu und rühren die restliche Butter unter.

FÜR 4 PERSONEN:
Zubereitungszeit 2 Stunden
12 Lammzüngerl

Für den Sud:
1 Zwiebel
1 Lorbeerblatt
2 Nelken
2 l Wasser
Salz, Pfefferkörner

Für den Risotto:
300 g Risottoreis
100 ml Weißwein
1 Bund Bärlauch
50 g Pinienkerne
200 ml Olivenöl
100 g Parmesan
Salz, Pfeffer
¾ l Lammzüngerlsud
150 g Butter

Für den Meerrettichschaum:
200 ml Lammzüngerlsud
2 Schalotten
150 g Butter
30 g Tafelmeerrettich
100 ml Sahne

Der sanfte Metzger von der Wurstmanufaktur Gut Kerschlach

Früher half er Lämmern auf die Welt, da war er Schäfer. Heute ist Steffen Siegel der Meistermetzger der Wurstmanufaktur Gut Kerschlach. Ein überraschender Seitenwechsel, von dem nicht nur die Tiere etwas haben – sie werden schonend und mit Respekt behandelt –, sondern auch wir Menschen. Denn von den Würsten, die der stille Mann mit seiner Mannschaft fabriziert, ist jede für sich ein Einzelstück mit besonderem Geschmack. Alle Gewürzmischungen werden von Hand und nach Gefühl hergestellt. Auf künstliche Zusatzstoffe können die Gut Kerschlacher Metzger verzichten, weil sie die Vorzüge des traditionellen Warmfleischschlachtens für sich nutzen. Auch die Schweine aus Pergers Obstgarten gehen durch Steffen Siegel Hände, ehe sie auf den Tellern des Pschorr für Feinschmeckerglück sorgen.

Ihm ist nicht alles Wurst!

Schlachter Siegel war mal Schäfer

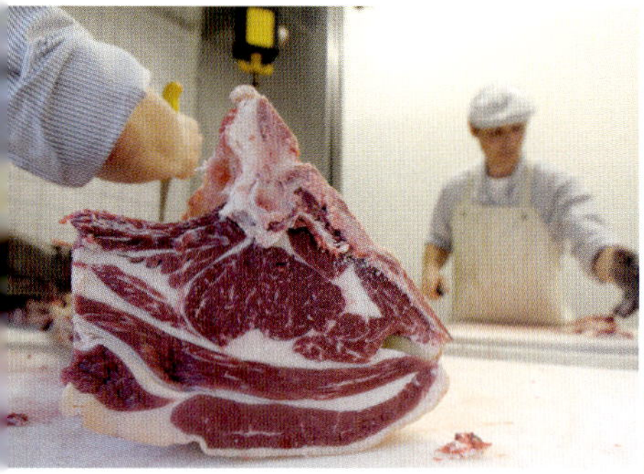
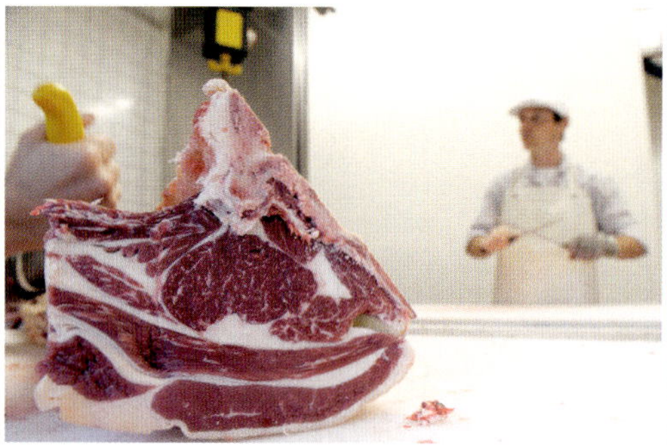
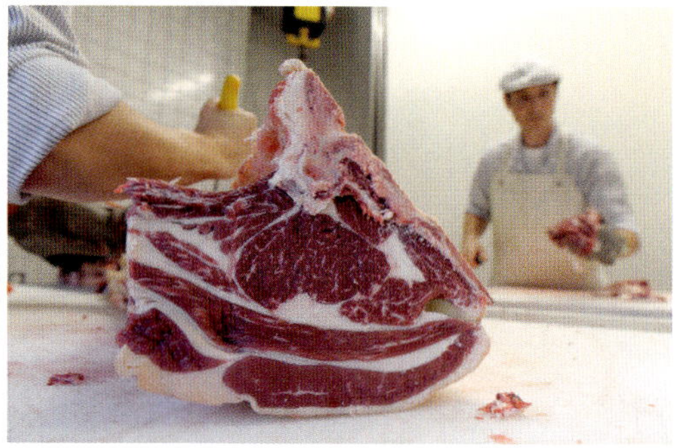

Die Welt ist verrückt, leider auch die der Menschen, die Essen lieben: Praktisch täglich nehmen wir Fleisch und Wurst zu uns, doch darüber, wie diese Lebensmittel entstehen, wollen wir lieber nicht allzu viel wissen. Dabei ist das tiergerechte Schlachten und die hierauf folgende Verwandlung des Fleischs in Wurst, Schinken und andere kulinarische Genüsse ein durch und durch ehrliches Handwerk. Eines, das die Metzger der westlich des Starnberger Sees gelegenen Wurstmanufaktur Gut Kerschlach mit Können, Begeisterung und Qualitätsbewusstsein betreiben.

Es ist eine Truppe mit Charakter, die Steffen Siegel um sich versammelt hat, um Landjäger, Rindersalami & Co. zu fabrizieren, das merkt man sofort, auch wenn die fünf Männer beim Zerlegen des Schweins, das aus Pergers Obstgarten stammt, fast nichts sprechen. Die Wieselflinkheit, mit der sie ihre Messer über das Fleisch flitzen lassen, ist beeindruckend und schön anzusehen. Die arbeitsame Stille hat natürlich auch mit dem Chef der Schlachter zu tun: Steffen Siegel ist ein Mann der leisen Töne, der sich so verschmitzt wie gewählt auszudrücken weiß. Er habe ja eigentlich „den Beruf des Schäfers erlernt, aber dann habe ich mich doch auf das Handwerk besonnen, das schon mein Großvater und mein Vater ausgeübt haben."

Es ist kein Nachteil, wenn ein Metzger einmal Schafe hütete. Auch wegen seiner Vergangenheit als tierischer Geburtshelfer ist es Steffen Siegel ein großes Anliegen, gut mit den Lebewesen umzugehen. Dass den Tieren in seiner kleinen Metzgerei wo und wie es nur geht Stress erspart wird, hat aber auch einen Genussgrund: Haben die Tiere Angst, verbrauchen sie viel Energie und produzieren Stoffe, die das Fleisch zäh und trocken machen. Zur Wurstmanufaktur Gut Kerschlach bringen die Züchter ihre Rinder und Schweine persönlich hin. Das Tier spürt bis ans Lebensende die von seinem Fütterer ausgestrahlte Sicherheit. „Ich hätte die Rinderzucht schon längst aufgegeben, wenn ich meine Rinder weiterhin in ein normales Schlachthaus hätte geben müssen", sagt etwa Josef Schmid aus Riegsee bei Murnau, der neben einigen anderen Bauern für den Pschorr Murnau-Werdenfelser Rinder züchtet.

Eine weitere Besonderheit der Wurstmanufaktur Gut Kerschlach ist, dass Steffen Siegel und seine Helfer das Fleisch direkt nach dem Schlachten weiter-

verarbeiten. Das hat einen entscheidenden Vorteil: Wird das Fleisch schlachtwarm verwertet, so behält es seine Fähigkeit, Fett und Wasser zu binden und der Wurstmacher kann auf den Einsatz künstlicher Zusatzstoffe verzichten. „Die Großindustrie", sagt Steffen Siegel, „schafft das nicht. Die müssen Zitrate, Phosphate und Emulgatoren einsetzen, sonst bekommen die keine Bindung her." Darauf kann der stille Thüringer gerne verzichten. Dafür muss er aber schnell sein: Warmfleischschlachtung heißt, dass ein Rind binnen drei Stunden, ein Schwein sogar innerhalb von nur zwei Stunden verwandelt werden muss, sonst ist es zu spät.

Auch bei den weiteren Etappen verlässt sich Steffen Siegel auf das althergebrachte Wissen seines Handwerks. Für die Salami vom Murnau-Werdenfelser Rind zum Beispiel, eine klassische Räucherwurst, kommt das Fleisch gemeinsam mit Eis und Salz in eine Schüssel, wo es zu feinem Brät zerkleinert wird. Dann geben die Wurstwerker Fett und Gewürze hinzu, mischen alles noch einmal gründlich durch und füllen die Masse schließlich in natürliche Därme. Jetzt muss die Wurst erst einmal trocknen, ehe Steffen Siegel sie in die Räucherkammer schiebt und gart. Bei all diesen Tätigkeiten paaren sich Erfahrung mit Gefühl. Weil der Maschineneinsatz gegen null tendiert, schmeckt jede Wurst, die später auf dem Brotzeitbrettl im Pschorr landet, einzigartig.

„So, wie wir hier arbeiten, macht das richtig Spaß", gesteht Steffen Siegel und sagt auch warum: Erstens, weil die Kerschlacher den kompletten Vorgang – vom Empfangen des Tiers bis zur fertigen Wurst – gestalten können. Zweitens, weil sie Zeit zum Experimentieren haben und so immer wieder neue Wurstsorten kreieren können. Auch alle Gewürzmischungen entwickeln sie übrigens eigenhändig. Jene bestehen vor allem aus Majoran, Pfeffer, Salz, Piment und Nelke. Wieviel genau in welche Wurst kommt, über diese Frage lächelt der Metzger sanft hinweg. Der Mann hat uns bereits ein Geheimnis verraten – dass er einmal Schäfer war –, das muss für heute reichen.

Freie Gänse und fröhliche Enten – der Geflügelhof der Familie Lugeder

Die Lugeders sind Menschen, die von innen heraus strahlen. Wenn Ludwig Lugeder sein Rezept für Gänsebraten erzählt, dann kann ihn der Ganter, den er auf dem Arm hat, noch so schmerzhaft zwicken, Ludwig Lugeders Blick bleibt heiter. Dabei tut das wirklich weh. Aber die Lugeders haben auch grobe Ganter lieb. Seit fünfundvierzig Jahren züchtet die Familie Geflügel. Ihre Gänse und Enten zählen zum Feinsten, was Bayern an Federvieh zu bieten hat.

Wer mit Ludwig Lugeders Sohn Andreas, er leitet seit einigen Jahren den Hof, durch das Enten- und Gänse-Reich spaziert, hört so markante Aussagen wie „Jede Gans ist anders". Die Lugeders versuchen, den Bedürfnissen der Tiere gerecht zu werden. Und so dürfen die Gänse Tag und Nacht frei zwischen Stall und Weide hin und her wechseln. Nur einen gibt es, der den Frieden der Gänse stört. Aber auch den hat Andreas Lugeder im Visier – im wahrsten Sinne des Wortes!

Self-Service für Schnattertiere

So leben die Gänse und Enten der Familie Lugeder

Man biegt von der Straße ab, und dann sieht man sie schon: Wie ein Meer von Schneeflocken wackeln die Gänse der Lugeders über den großen, grün bewachsenen Hang. Ein ziemlich außergewöhnlicher Anblick. Doch gleich darauf die nächste Überraschung: Zwischen den Stallungen kommt eine Frau daher – gefolgt von einem guten Dutzend Gänse. Die Tiere dackeln hinter ihr her, als wären sie treue Hunde. Zur Treue haben sie auch allen Grund, denn Annemarie ist die Gänsekrankenschwester vom Geflügelhof Lugeder. Und die Tiere, mit denen sie gerade eine Runde dreht, verdanken ihr das Leben. Seit ein paar Jahren schon päppelt Annemarie verletzte Gänse auf – mit Salben, warmen Decken, Liebe und Geduld. Ohne sie hätten die schwachen Tiere in der großen Herde keine Überlebenschance. Gänse können gemein sein. Dass Annemarie das Gänse-Sanatorium aufgebaut hat, ist ganz im Sinne ihrer Arbeitgeber. Denn: „Die Gans ist ein ganz edles Viech." Darin sind sich Andreas Lugeder und sein Vater Ludwig einig. Andreas Lugeder führt den Betrieb in Pleiskirchen im Landkreis Altötting nun bereits in der dritten Generation.

Dass es den Gänsen und Enten hier gut geht, lässt sich auf den ersten Blick erkennen: Die Lugeders bepflanzen jedes Jahr viele Hektar Feld mit Leckereien wie Mais und Markstammkohl – einer Gemüsesorte, die wie Kohlrabi schmeckt. Und die Gänse dürfen sich dann nach Lust und Laune bedienen. Self-Service für Schnattertiere. Die Flügeltiere genießen Platz und Freiheit, lediglich ein nicht einmal hüfthoher Holzzaun grenzt ihr Gehege vom Rest des Anwesens ab. Das Fleisch, das sie später liefern, ist auch unter anspruchsvollen Feinschmeckern bekannt für seine Spitzenqualität. Wenn am Münchner Viktualienmarkt Gänse oder Enten vom Lugeder-Hof verkauft werden, entstehen mitunter Warteschlangen, als gäbe es Freibier.

Warum das Federvieh so gut schmeckt, wissen die wenigsten, dabei ist es ganz einfach: Die Tiere bekommen gutes Essen und mehr Zeit zum Wachsen, als dies in konventionellen Geflügelbetrieben üblich ist. Direkt nach dem Schlüpfen ziehen die Küken aus der hofeigenen Brüterei in den erwärmten Aufzuchtstall. Hier leben die gelb beflaumten Piepmatze zwei Wochen lang. Kommt Andreas Lugeder

sie besuchen, ist die Freude groß, sie halten ihn für ihre Mutter. Sind die Gänse groß genug, siedeln sie um in den großen Freilaufstall. Hier leben sie nach dem natürlichen Rhythmus der Jahreszeiten, bekommen frische Luft und viel Licht. Der offene, stets mit frischem Stroh ausstaffierte Stall erlaubt es ihnen, sich auf den Weiden herumzutreiben, wie und wann immer sie wollen. Und diese Möglichkeit nutzen die Gänse auch, wie man sehen kann. Unter großem Geschnatter laufen sie hierhin und dorthin – was es wohl wieder zu diskutieren gibt?

Alles Futter, das die Lugeders ihren Gänsen und Enten zukommen lassen, stammt von den insgesamt dreißig Hektaren an hofeigenen Feldern. Die Futtermischung richtet Andreas Lugeder aus Weizen, Mais, Sojaschrot und Mineralstoffen eigenhändig an. Je nach Jahreszeit variiert er die Gewichtung. Wachstumsförderer, hormonelle oder medikamentöse Zusätze sind tabu. Die Gänse und Enten sollen es gut haben. Sogar Becken mit frei fließendem Wasser haben sie im Stall, das ist in der Geflügelzucht eher unüblich. Aber den Tieren tut es gut, weil sie mit dem Wasser ihr Gefieder benetzen können. Dass die Vögel wegen dem Wasser „mehr Sauerei" machen, nimmt Andreas Lugeder gerne in Kauf. Erst nach fünfundvierzig bis vierundfünfzig Tagen werden die Enten geschlachtet. In industriell arbeitenden Zuchtbetrieben geschieht dies oft schon nach dreißig Tagen. Die Gänse dürfen natürlich noch viel länger Fleisch ansetzen. Dieses langsamer gewachsene Fleisch hat eine unvergleichlich bessere Konsistenz, vom Geschmack ganz zu schweigen. Auch bringt eine Lugeder-Ente schon einmal stattliche viereinhalb Kilogramm auf die Waage, eine Gans sogar bis zu sieben Kilogramm. Das ist viel. Und natürlich werden die Tiere hier auf dem Hof, also vor Ort, geschlachtet, an zwei Tagen pro Woche. So haben Andreas und Ludwig Lugeder alles unter Kontrolle. Jedes einzelne Tier wird von Hand zerlegt und verpackt. Nur das Rupfen übernimmt die Maschine – sie musste eigens von Andreas Lugeders Onkel erfunden werden, weil es für so einen kleinen Betrieb keine herkömmliche gab. Der Geflügelhof Lugeder ist ein Familienbetrieb. Eine der Mitarbeiterinnen hilft schon seit fünfundvierzig Jahren mit. Die Gänse und Enten werden allesamt im süddeutschen Raum direkt feilgeboten – vor allem auf Wochenmärkten, in guten Lebensmittelgeschäften und erstklassigen Wirtshäusern.

So weit könnten die Lugeders glücklich sein. Doch es gibt einen, der ihnen ihren Erfolg nicht gönnt. Es ist der Fuchs. Auch die Füchse haben mitbekommen, dass die Lugeder-Gänse besonders gut schmecken. Jede Nacht suchen sie die Gänsewiese heim. Manchmal fehlen bei Tagesanbruch fünfzehn Gänse. Auch heute finden wir beim Rundgang eine Gans ohne Kopf. „Das macht der immer so", sagt Andreas Lugeder. Er meint den Fuchs, man spürt den Groll. Aber der Vater der Gänse gibt sich nicht geschlagen. Seit einigen Jahren hat er einen Jagdschein.

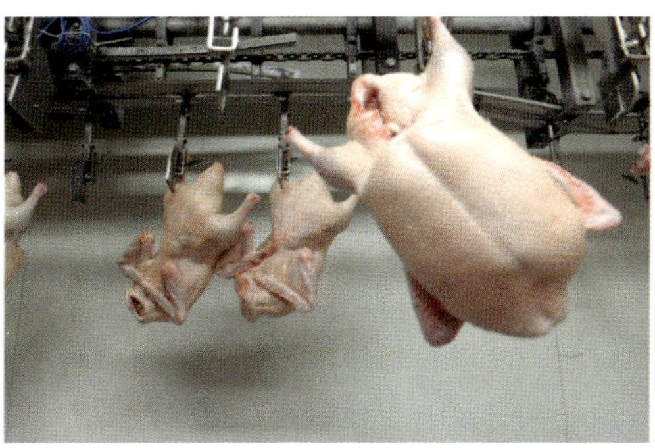

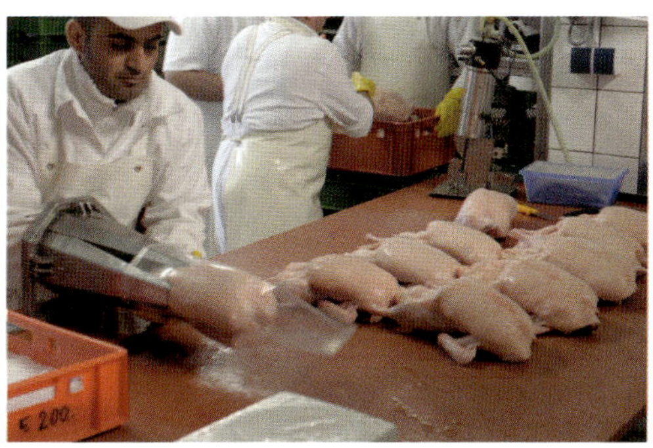

Halbe resche niederbayerische Hausente mit Kartoffelknödeln und fruchtigem Apfelblaukraut

Für das Blaukraut schneiden wir den Strunk aus dem Rotkohl heraus, vierteln das Ganze und schneiden den Kohl in feine Streifen.

Für die Marinade empfiehlt es sich, die getrockneten Gewürze in einem Gewürzsäckchen unter das Blaukraut zu geben, so kann man sie nach dem Kochen ohne Rückstände entfernen. Alle anderen Zutaten unter das Blaukraut mischen, von einer Orange den Abrieb dazugeben, danach den Saft aller Orangen. Jetzt lassen wir das Blaukraut zugedeckt über Nacht ziehen.

Für die Zubereitung der Ente schneiden wir zunächst die Flügelknochen um zwei Drittel zurück. Nun würzen wir die Ente von innen und außen, setzen sie in einen Bräter, gießen ein wenig Wasser an und schieben sie für ca. 70 Minuten bei 160 Grad in den Ofen, wobei wir zwischendurch immer wieder Wasser angießen. Zum Schluss braten wir die Ente noch 20 Minuten bei 180 Grad ohne Flüssigkeit auf einem Ofenblech.

Die abgetrennten Flügelknochen rösten wir mit dem Gemüse und dem Apfel sowie mit der Orange an, geben das Tomatenmark dazu, löschen das Ganze mit dem Rotwein ab und gießen es mit der Flüssigkeit aus dem Bräter auf. Die Sauce ca. 1 Stunde kochen lassen, danach passieren und fertig abschmecken.

Das Schweineschmalz erhitzen, die Zwiebeln glasig anschwitzen, nun das Blaukraut dazugeben und bei schwacher Hitze ca. 1 Stunde leicht köchelnd garen.

Für die Knödel schälen wir die gekochten Kartoffeln und drücken sie noch heiß durch eine Kartoffelpresse. Die rohen Kartoffeln schälen und fein reiben, Knödelhilfe untermischen, dann rasch mit den gekochten Kartoffeln zu einem geschmeidigen Teig verarbeiten, evtl. mit etwas Speisestärke binden. In einem großen Topf Salzwasser erhitzen, mit nassen Händen Knödel formen und diese etwa 25 Minuten am Siedepunkt garen.

FÜR 4 PERSONEN:
Zubereitungszeit 1¾ Stunden (plus 24 Stunden für das Blaukraut)
2 Enten
Salz, Pfeffer, Paprika, Thymian
1 Apfel
1 Orange
2 Zwiebeln
1 Karotte
1 kleine Sellerieknolle
1 EL Tomatenmark
400 ml Rotwein

Für das Blaukraut:
1 Kopf Rotkohl
1 Lorbeerblatt
3-4 Wacholderbeeren
2-3 Nelken
2 Sternanis
3 Orangen
½ l Rotwein
1 Spritzer Essig
200 ml Apfelmus oder Kompott
Salz, Zucker
2 Zwiebeln, in Streifen geschnitten
150 g Schweineschmalz

Für die Kartoffelknödel:
1½ kg mehligkochende Kartoffeln
½ kg gekochte Kartoffeln
1 Pkt Knödelhilfe

Um die Arbeit ein wenig zu erleichtern, können Sie auch fertigen Kartoffelknödelteig verwenden.

Deftiges Entenherzenragout mit frischen Bandnudeln und feinen Kaiserschoten

Zunächst säubern wir die Entenherzen und halbieren sie. In der Zwischenzeit haben wir einen Topf mit Wasser zugestellt und dieses mit der gespickten Zwiebel (auf die halbierte Zwiebel legen wir das Lorbeerblatt und stecken es mit den Nelken fest) zum Kochen gebracht und mit Salz und Pfeffer gewürzt. Nun geben wir die halbierten Entenherzen dazu, lassen das Ganze einmal aufkochen, nehmen es vom Herd und lassen es ca. 20 Minuten ziehen.

Jetzt erhitzen wir ein wenig Öl in einem Topf und geben das in Würfel geschnittene Gemüse für die Sauce hinzu. Wenn es eine dunkelbraune Färbung angenommen hat, fügen wir das Tomatenmark und das Mehl hinzu, lassen das Ganze noch mal kurz mit angehen und löschen es dann mit dem Rotwein ab. Danach gut um die Hälfte reduzieren und dann mit dem Fond aufgießen.
Die Sauce nun ca. 30 Minuten köcheln lassen, nochmals mit Salz und Pfeffer abschmecken, den Abrieb der Orange dazugeben und passieren. Kurz vor dem Anrichten die Entenherzen in die heiße Sauce geben.

Für den Nudelteig das Mehl auf der Arbeitsfläche häufeln, salzen, in der Mitte eine Mulde bilden, das Eigelb und die Eier hineinrühren, dann das Ganze zu einem festen, geschmeidigen Teig kneten und zu einer Kugel formen. Unter einem feuchten Tuch oder in Klarsichtfolie mindestens 30 Minuten ruhen lassen. Danach ausrollen und vor dem Schneiden kurz antrocknen lassen.

Die Kaiserschoten putzen und in kochendem Wasser kurz blanchieren, abschütten und mit Butter in einer Pfanne schwenken. Mit Salz und Zucker abschmecken.

FÜR 4 PERSONEN:
Zubereitungszeit 1½ Stunden
800 g Entenherzen

Für den Fond:
1 Zwiebel
1 Lorbeerblatt
2 Nelken
Salz, Pfeffer
1½ l Wasser

Für die Sauce:
2 EL Öl
1 Zwiebel
1 Karotte
1 kleine Sellerieknolle
1 Stange Lauch
1-2 EL Tomatenmark
3 EL Mehl
200 ml Rotwein
500 ml Fond
Abrieb von ½ Orange

400g Kaiserschoten

Für die frischen Nudeln:
300 g Mehl
1 Ei
4 Eigelb
2 EL Öl
1 Msp Salz

Um die Arbeit ein wenig zu erleichtern, können Sie auch 500 g fertige frische Nudeln verwenden.

Saftige Entenbrust auf Erbsenpüree mit Karotten-Kohlrabi-Würfeln und kräftiger Portweinsauce

Wir legen die Entenbrüste auf die Arbeitsfläche und schneiden sie auf der Hautseite über Kreuz so ein, dass der Schnitt lediglich durch die Fettschicht und nicht bis ins Fleisch geht. Nun geben wir in einen Topf ein wenig Öl, legen die Entenbrüste mit der Hautseite nach unten ein und braten sie scharf an. Danach auch auf der Fleischseite anbraten. Dann nehmen wir sie aus dem Topf, wickeln sie in Alufolie und geben sie bei 120 Grad für ca. 35-40 Minuten in den vorgeheizten Ofen.

Danach geben wir die Entenknochen in den Topf und braten sie gut an. Das Gemüse sowie Apfel und Orange kleinwürfelig schneiden, zu den Knochen geben, mit anbraten, das Tomatenmark zugeben und das Ganze mit dem Rotwein ablöschen. Die Sauce nun für ca. 1 Stunde leicht köcheln lassen, immer wieder ein wenig Wasser angießen. 10 Minuten vor dem Passieren der Sauce geben wir den Portwein dazu.

Zugleich stellen wir die Kartoffeln mit etwas Salz in kaltem Wasser zu und kochen sie weich. Die Erbsen geben wir mit 50 g Butter, Salz und Zucker in einen Topf und lassen sie bei kleiner Hitze zugedeckt für ca. 10 Minuten dünsten. Danach geben wir die Erbsen in einen Mixer und pürieren sie. Die Kartoffeln nach dem Garen durch eine Kartoffelpresse drücken, die pürierten Erbsen durch ein feines Sieb streichen, die Erbsen und die Kartoffeln mit der restlichen Butter verrühren und das Ganze warm halten.

Karotten und Kohlrabi schälen und in gleichmäßige Stifte schneiden. Das Gemüse kurz in heißem Salzwasser blanchieren, kalt abschrecken. Das Lauchgrün in feine Streifen schneiden, kurz blanchieren. Die Gemüsestifte neben, dann übereinander legen, mit den Lauchstreifen zusammenbinden. In warmer Butter vorsichtig wenden und bei kleiner Hitze bis zum Anrichten warmhalten.v

FÜR 4 PERSONEN:
Zubereitungszeit 1½ Stunden
4 Entenbrüste à 200g

Für die Sauce:
500 g Entenknochen
1 Karotte
1 Zwiebel
1 kleine Sellerieknolle
1 Stange Lauch
1 Orange
1 Apfel
1 EL Tomatenmark
400 ml Rotwein
20 ml Portwein

Für das Erbsenpüree:
200 g mehligkochende Kartoffeln
300 g Erbsen, am besten tiefgefroren
150 g Butter
Salz, Zucker

Für die Karotten-Kohlrabi-Würfel:
2 Karotten
2 kleine Kohlrabi
Lauchgrün
Salz, Zucker
50 g Butter

Drei etwas andere Jäger – der Wallgauer Willi Neuner und die „Wild Schmids" aus Großweil

Trophäen? Interessieren ihn nicht. Und auf alles schießen, was man sieht? Das geht schon gar nicht. Willi Neuner, der junge Jäger aus dem Bergdorf oberhalb von Garmisch-Partenkirchen, hat Prinzipien. Dort, wo Bussard und Adler zwischen Herzogstand und Jochberg ihre Kreise ziehen, ist sein Revier. Beim Besuch zeigt er uns nicht nur die frische Spur eines Hirschs, sondern erklärt auch, warum die Jagd für den Wald lebensnotwendig ist.

Das können auch seine Kollegen Karl und Sebastian Schmid sehr gut, die unter dem Namen „Wild Schmid" einen Ruf genießen, der bis ins politische Berlin reicht. Kein Wunder: Die Wildspezialitäten der beiden Metzger sind eine Klasse für sich. Dass der Vater Karl auf der Pirsch im Hochgebirge Biographien liest, während er auf die Gams wartet, ist dabei nur eines von vielen Beispielen, welche die Jäger aus Großweil zu ganz besonderen machen.

Du hast nur einen Schuss

So kommt die Gams ins Schloss Bellevue

Warum nur viele denken, dass Jäger eingebildet sind! Willi Neuner aus dem kleinen Ort Wallgau oberhalb von Garmisch-Partenkirchen ist fassungslos. Er ist noch jung und beileibe kein Mann vieler oder großer Worte. Aber dass man alle Jäger in einen Sack steckt, das gefällt ihm nicht. Natürlich seien viele Waidmänner vor allem hinter Trophäen her, aber ihn interessiere das kein bisschen. Zum Jagen ist der Willi Neuner nämlich nicht des Jagens wegen gekommen, sondern aus einem ganz anderen Grund: Gemeinsam mit seinem Vater betreibt er ein kleines Sägwerk. Es ist eines der wirtschaftlichen Standbeine der Familie, neben dem Bauernhof, in dem die Neuners auch Murnau-Werdenfelser Rinder züchten, und den Gästezimmern für Urlauber.

Das Holz für das Sägwerk wächst im familieneigenen Wald. Wenn nun aber die Rehe, Hirsche und Gämsen alle kleinen Triebe zusammenfressen, dann wächst kein Baum mehr; in der Folge fehlt der Familie Neuner das Holz, mit dem sie die Säge füttern kann. „Wir leben von dem Holz", sagt Willi Neuner. Und so ist es nur logisch, dass er eine Ausbildung zum Forstwirt gemacht hat. Wenn man mit ihm durch seinen Wald wandert, dann erzählt er ebenso viel über die Bäume wie über das Wild. Vielleicht über die Bäume sogar ein bisschen mehr. Stolz zeigt er einen Flecken im Revier, den er vor einigen Jahren aus Furcht vor dem Borkenkäfer roden musste und auf dem mittlerweile wieder viele, ein bis zwei Meter hohe Bäume wachsen. Laub- und Nadelbäume in idealer Mischung. „Da musste ich gar nichts pflanzen",

freut sich Willi Neuner, „das ist alles von selber hergeflogen." Die Natur erhole sich ganz von allein – vorausgesetzt, sie bekomme die Chance dazu.

Womit wir wieder bei der Jagd sind. Willi Neuner weiß genau, wie viele Tiere er pro Jahr schießen muss, damit sein dreihundertzehn Hektar umfassender Wald sich aus eigener Kraft und ohne Schutzzäune regenerieren kann: fünfzehn Hirsche pro Jahr, dazu noch Gämsen und Rehe. Dem Berufsjäger gegenüber sieht er sich im Vorteil: „Der muss eine Abschussquote erfüllen und kann deshalb nicht so genau schauen, auf was er schießt." Willi Neuner kennt eine Handvoll Alttiere, die immer wieder in sein Revier kommen. Die würde er niemals erlegen, denn sie sorgen dafür, dass auch neues Wild den Wald betritt. Jetzt bleibt Willi Neuner stehen und zeigt auf den Boden. Es ist ein Hufabdruck von einem Hirsch. Ein magischer Augenblick: rechts der Jochberg, dahinter der Herzogstand, und hier eine frische Fußspur vom König der Wälder. Aber Willi Neuner winkt ab. Solange kein Schnee liegt, lässt kein Tier sich blicken. Die Hauptjagdsaison sind für ihn die Wochen vor Weihnachten.

Bereits als Sechsjähriger ist er mit dem Vater auf die Jagd gegangen. Und schon damals hat er gelernt, dass man nicht auf alles schießt, was man sieht. „Ein bisschen anständig muss man schon sein", findet Willi Neuner. Er hat es im Gefühl, an welchem Tag es sich lohnt, auf die Pirsch zu gehen. Meist geht er nachmittags. Denn vormittags muss er die Stallarbeit erledigen oder sich um das Holz kümmern. Wenn die Sonne dann langsam hinter den Berggipfeln des Karwendels untergeht, dann braucht der Willi Neuner eine ruhige Hand und den Wind aus der richtigen Richtung. Jagd heißt Genauigkeit. „Du hast nur einen Schuss." Und der sollte das Tier möglichst hinter der Schulter treffen. „Lunge ist gut, aber auf keinen Fall Pansen oder Leber." Das Fleisch muss rein sein. Absolut rein. Selber isst er das Fleisch natürlich auch gerne. Gams schmeckt wie junge Ziege, sagt er. „Das ist ganz was Gutes."

Die von ihm erlegten Tiere fährt er eigenhändig auch nach München zum Pschorr. Weil der Pschorr aber ein gut gehendes Wirtshaus ist, reicht das Wild von Willi Neuner allein natürlich nicht, um den Bedarf zu decken. Deshalb arbeiten Inka und Jürgen Lochbihler auch mit Karl und Sebastian Schmid, Vater und Sohn, aus Großweil im Blauen Land zusammen. Und auch diese beiden jagen nicht des Jagens wegen.

Für die Schmids begann alles mit der Liebe zur Natur. Und dann fügte sich das eine zum anderen: Die Schmids sind nämlich eigentlich Metzger von Beruf. Doch eines Tages hat Karl Schmid angefangen, mit dem selbst erlegten Wild kulinarisch zu experimentieren. Das Ergebnis kann sich schmecken lassen: Der in Großweil hergestellte Hirschschinken gilt als Delikatesse, weshalb der „Wild Schmid" mittlerweile so bekannt ist, dass sogar das Bundespräsidialamt in Berlin zu seinen Kunden zählt. Einmal war Karl Schmid sogar zum Kaffee im Schloss Bellevue eingeladen. Und wenn bei Staatsempfängen Gamsrücken serviert wird, ist die Wahrscheinlichkeit groß, dass das Fleisch aus den Revieren der Schmids im Tölzer Land oder beim Sylvenstein stammt. Neben dem

Bundespräsidenten und dem Pschorr zählen auch Feinkostläden und Sternerestaurants zu den Abnehmern der Schmid'schen Gams-, Wildschwein- und Rehschinken, der Hirschsalamis und Wildpasteten.

Der erfahrene Metzger Schmid ist ein überzeugender Wildfleisch-Fan: Mit einem Fettanteil von nur zwei Prozent sei es sehr mager und damit außerordentlich gesund. Die Schmids sind weltoffene Jäger. Sie reisen gerne, der Vater liest auf der Pirsch Biographien. Auf die Jagd im Hochgebirge gehen sie am liebsten zu zweit. Denn dort oben, auf über zweitausend Metern über dem Meeresspiegel, ist man mutterseelenallein – mit den Bergen, dem Wild und dem einen Schuss, der treffen muss.

Geschmorter Hirschkalbsbraten in Wacholdersauce mit Rosenkohlsäckchen

Den Rosenkohl putzen, am Strunk über Kreuz einschneiden, in kochendem Wasser ca. 10 Minuten blanchieren, dann kalt abschrecken. Die Zwiebel mit dem Speck und der Butter in einem Topf glasig angehen lassen, leicht würzen, mit der Sahne angießen und sämig einkochen, auf einen Teller geben und auskühlen lassen. Den blanchierten Rosenkohl dazugeben. Die Strudelteigblätter in 30 x 30 cm große Quadrate schneiden, den Rosenkohl mit Zwiebel und Speck in der Mitte platzieren, Säckchen formen und mit den Lauchstreifen zusammenbinden. Nun vorsichtig mit dem Eigelb bestreichen und im Kühlschrank zwischenlagern.

Im nächsten Schritt braten wir die Hirschkeule in einem Topf an, nehmen sie heraus und geben nun die Knochen zum Anbraten hinein. Dann fügen wir das in Würfel geschnittene Gemüse hinzu, danach die Gewürze, das Tomatenmark und das Mehl. Das Ganze wird schließlich mit dem Rotwein abgelöscht, die Hirschkeule wird wieder eingelegt und bei kleiner Hitze zugedeckt für ca. 1½ Stunden fertig geschmort. Im Anschluss nehmen wir die Hirschkeule heraus, passieren die Sauce durch ein feines Sieb, geben nun den Abrieb der Orange dazu und schmecken das Ganze nochmals ab. Das Fleisch nun bis zum Anrichten in der heißen Sauce aufbewahren.

Die Rosenkohlsäckchen nehmen wir aus dem Kühlschrank und geben sie für ca. 20 Minuten in den auf 180 Grad vorgeheizten Ofen.

FÜR 4 PERSONEN:
Zubereitungszeit 2 Stunden
1,2 kg Hirschbraten, aus der Keule geschnitten
3 EL Öl

Für die Sauce:
300 g Hirschknochen, klein gehackt
1 Karotte
1 kleine Sellerieknolle
1 Stange Lauch
2 Zwiebeln
1 EL Tomatenmark
6 Wacholderbeeren, zerdrückt
Abrieb von 1 Orange
4 EL Mehl
½ l Rotwein

Für die Rosenkohlsäckchen:
400 g Rosenkohl
4 Strudelteigblätter
20 g gewürfelter Speck
1 Zwiebel
30 g Butter
100 ml Sahne
4 feine Streifen Lauch (zum Binden der Säckchen)

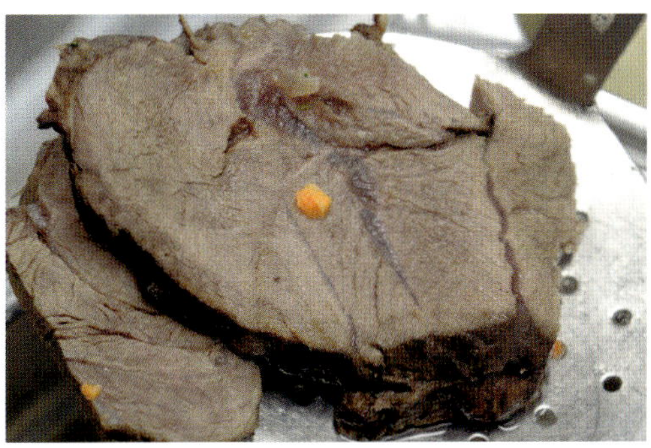

Sämiges Rehragout aus dem Hals und der Schulter mit sautierten Champignons und Haselnussnocken

Das in mundgerechte Stücke geschnittene Rehfleisch mit Salz und Pfeffer würzen, in einen Topf mit etwas Öl geben und gut anbraten. Im nächsten Schritt geben wir das fein geschnittene Gemüse dazu und lassen es mitrösten. Dann bestäuben wir das Ganze mit Mehl, geben das Tomatenmark und nach einer Minute die Preiselbeeren hinzu. Schließlich gießen wir mit dem Rotwein auf und lassen das Ragout 1 Stunde leicht kochen. 10 Minuten vor dem Anrichten geben wir den Abrieb von der Orange dazu.

Für die Haselnussnocken geben wir die Kartoffeln auf einem Backblech bei 170 Grad für 45 Minuten in den Ofen. Wenn die Kartoffeln gar sind, werden sie geschält und durch die Kartoffelpresse gedrückt. Unter die Kartoffeln kommen nun die geriebenen Haselnüsse, das Mehl, Eigelb und das Salz. Soviel Mehl unterarbeiten, bis ein trockener Teig entstanden ist, dies ist je nach Kartoffelsorte unterschiedlich. Auf einer bemehlten Arbeitsfläche formen wir aus dem Teig zunächst 3-4 cm dicke Rollen und stechen dann mit einem Teigschaber daumendicke Nocken ab. Schließlich lassen wir die Haselnussnocken bei kleiner Hitze im Wasser ca. 15 Minuten gar ziehen, schrecken sie kurz kalt ab und braten sie in einer Pfanne goldgelb an.

Während das Ragout fertig kocht, putzen wir die Champignons und schneiden die Petersilie bis zum Stängelansatz in feine Streifen. Kurz vor dem Anrichten zerlassen wir die Butter in einer Pfanne, geben die Pilze hinzu und schwenken das Ganze mit der Petersilie durch.

FÜR 4 PERSONEN:
Zubereitungszeit 1½ Stunden
1 kg Hals oder Schulter vom Reh
3 EL Öl
Salz, Pfeffer
1 Karotte
1 kleine Sellerieknolle
1 Stange Lauch
2 Zwiebeln
Abrieb von 1 Orange
3 EL Preiselbeeren
1 EL Tomatenmark
½ l Rotwein

Für die Haselnussnocken:
1 kg mehligkochende Kartoffeln
100 g geriebene Haselnüsse
250 g Mehl
5 Eigelb
Salz

Für die Champignons:
500 g Champignons
30 g Butter
1 Bund Petersilie

Haxerl vom Rehbock in sämiger Sauce mit glacierten Maronen und Kartoffelsoufflé

Die Rehhaxerl in einem Topf anbraten und herausnehmen. Wir geben nun die Knochen zum Anbraten hinein. Dann fügen wir das in Würfel geschnittene Gemüse hinzu, danach die Gewürze, das Tomatenmark und das Mehl. Das Ganze wird schließlich mit dem Rotwein abgelöscht, die Rehhaxerl werden wieder eingelegt und bei kleiner Hitze zugedeckt für ca. 1 Stunde fertig geschmort. Im Anschluss nehmen wir die Rehhaxerl heraus, passieren die Sauce durch ein feines Sieb, geben nun den Abrieb der Orange dazu und schmecken das Ganze nochmals ab. Die Haxerl nun bis zum Anrichten in der heißen Sauce aufbewahren.

Für die Maronen Butter und Zucker schmelzen, mit dem Traubensaft ablöschen, die Maronen hinzufügen und kräftig reduzieren lassen. Wenn die Reduktion die Maronen überglänzt, anrichten.

Während die Rehhaxerl schmoren, schälen wir die Kartoffeln und setzen sie in kaltem Wasser mit Salz zum Kochen auf, bis sie gar sind. Dann pressen wir die Kartoffeln durch eine Kartoffelpresse. Nun trennen wir Eigelb vom Eiweiß und geben das Eigelb mit der Milch zur Kartoffelmasse. Das Eiweiß schlagen wir in einer Schüssel mit dem Schneebesen steif und ziehen das geschlagene Eiweiß unter die Kartoffelmasse. Danach geben wir das Ganze in die ausgebutterten und mit Semmelbröseln bestreuten Auflaufförmchen, die wir für ca. 20 Minuten in den auf 180 Grad vorgeheizten Ofen stellen.

FÜR 4 PERSONEN:
Zubereitungszeit 1¾ Stunden
4 Rehhaxerl
3 EL Öl

Für die Sauce:
200 g Rehknochen, klein gehackt
1 Karotte
1 kleine Sellerieknolle
1 Stange Lauch
2 Zwiebeln
1 EL Tomatenmark
6 Wacholderbeeren, zerdrückt
Abrieb von 1 Orange
4 EL Mehl
½ l Rotwein

Für die glacierten Maronen:
1 Packung vorgegarte Maronen
50 g Butter
100 g Zucker
1 Prise Salz
200 ml Traubensaft

Für das Soufflé:
4 mehligkochende Kartoffeln
100 ml Milch
4 Eier
Salz, Zucker, Pfeffer

Ein Mann mit Geschichte – der Fischzüchter Alfred Lick aus dem Louisenthal

Als Polizist stellte er sich einst einem schießwütigen Täter in den Weg und rettete mindestens ein Menschenleben. Heute hadert Alfred Lick immer wieder mit den Launen der Natur. Er muss ja schließlich seinen Fischen das Überleben sichern! Das ist gar nicht so einfach, wenn man hört, in was für Situationen Forellen und Saiblinge einen bringen können. Aber Alfred Lick ist unermüdlich. Jedes Jahr setzt er ein paar Tausend Fischeier in seine von sprudelndem Quellwasser gespeisten Becken und zieht sie groß. Mit Geduld – und auch ein bisschen Strenge. Denn Fische sind schlaue Tiere, wie man im Louisenthal erfahren kann.

Wie sehr sich der Aufwand lohnt, wird dem Feinschmecker bewusst, wenn er eine Forelle oder einen Saibling von Alfred Lick gekostet hat. Geräuchert wie gedünstet sind die Fische aus dem malerischen Louisenthal in Gmund Leckerbissen der besonderen Art.

Frische Fische sind frech

Aber Alfred Lick ist mit allen Wassern gewaschen

Ein Gast, der sich im Pschorr ein gedünstetes Saiblingsfilet bestellt, ist ein glücklicher Gast. Denn der feine Fisch kommt als mit viel Sinn für Ästhetik verpacktes Geschenk an den Tisch. Und wenn man die nach Rosmarin und anderen frischen Kräutern duftende Pergamenthülle öffnet, dann knistert es heimelig und man entdeckt unter frischen Petersilienblättern ein Stück Fisch, das einem schon von der Optik her sympathisch sein muss. Aber auch auf der Zunge zeigt der Saibling Charakter und genau die Festigkeit, die man sich als Fischliebhaber wünscht.

Wer kann so guten Fisch großziehen, und vor allem wie? Es ist der Alfred Lick aus Gmund am Tegernsee. Alfred Lick ist ein Mann, dessen von eindrucksvollen Furchen durchzogenes Gesicht auch ohne Worte Geschichten erzählt. Neben seiner hervorragenden Fischzucht im Louisenthal ist Alfred Lick nämlich auch bekannt als jemand, der sich von nichts und niemand aus der Bahn werfen lässt. In seinem ersten Leben als Polizeibeamter am Tegernsee wurde er beim Versuch, einen wild um sich schießenden Mann zu stellen, schwer verletzt. Es war ein spektakulärer Fall, der bundesweit Schlagzeilen machte. Aber auch beim Fischzüchten hat Alfred Lick schon einige Abenteuer erlebt: Vor einigen Jahren ist ihm eine ganze Generation an Saiblingen und Forellen – insgesamt fünftausend Kilogramm – ums Leben gekommen! Ein Gewitter hatte einen plötzlichen Druckabfall in der Atmosphäre herbeigeführt, was zur Folge hatte, dass Alfred Licks Fische binnen kürzester Zeit der Sauerstoff abhanden gekommen war. Jüngst hat ein umfallender Baum eine Wasserleitung zerstört, die die Becken mit Frischwasser versorgt. Wäre Alfred Lick nicht sofort zur Stelle gewesen, hätte sich die Tragödie wiederholt. Vielleicht hätte ein anderer an dieser Stelle den Kescher in die Mangfall geworfen und sich endgültig aufs Altenteil zurückgezogen. Aber dieser Alfred Lick fängt immer wieder von vorn an. Zu sehr liebt er seine Fische, zu ideal sind die Rahmenbedingungen für seine Fischzucht – die Teiche beispielsweise werden von hauseigenen Quellen gespeist, ihre Wasserqualität ist exzellent. Weil die drei Quellen oben am Berg liegen und das

Wasser in Bewegung halten, wird es selbst in eisigen Wintern nicht kälter als sechs Grad. So können Alfred Licks Seeforellen, Saiblinge und Lachsforellen wirklich naturnah wachsen und gedeihen.

Jedes Jahr im Januar kauft er zwanzigtausend Fischeier und setzt sie zunächst in einem kleinen Wasserbecken aus. Mit Feingefühl, dem genauen Blick des Kenners und einer Pipette sortiert er fortan täglich diejenigen Saiblings- und Forelleneier aus, die nicht überlebensfähig sind. Die anderen dürfen weiter in dem sauberen und weichen Quellwasser reifen. Sind sie geschlüpft, zieht Alfred Lick die kleinen Fische in ein größeres Becken um. Schon bald darauf kommt die Zeit, in der der Fischzüchter die Fische von Hand füttert. Das muss sein, erklärt der verheiratete Tegernseer. Zwar hätte er einen Fütterungsautomaten. „Aber Fische sind schlau. Die wissen genau, wie sie den Portionierer mit ihrer Schwanzflosse austricksen können." Damit der Saibling aber gut schmeckt, darf er nicht zu viel fressen. Fische Füttern ist Erfahrungssache – und Alfred Lick zum Glück ein mit allen Wassern gewaschener Züchter. Seit über zehn Jahren betreibt er die Fischzucht im malerischen Louisenthal nun schon. Getrennt nach Art und Größe durchlaufen die Fische unter seiner liebevollen Aufsicht die einzelnen Becken und werden so auf schonende Weise immer größer, entwickeln Kraft, Geschmack und Struktur. Wenn sie groß genug sind, verwandeln sie sich in Gaumenfreuden für den Menschen. Den Saibling für den Pschorr etwa holt Jürgen Lochbihler, der ja nur einen Forellensprung entfernt wohnt, persönlich ab. Am nächsten Tag liegt der Fisch in Pergament auf dem Teller eines Gastes. Oder aber Alfred Lick verwandelt ihn in Räucherfisch. Das Rezept dazu ist alt und geheim. Der Mann, dessen Wille so stabil ist wie der ruhige Fluss der Mangfall, verrät es keinem. Aber er freut sich, wenn man seine Fische mag. Denn die Freude über ein gutes Essen legt sich über manch niederschmetternde Erinnerung wie ein nach Rosmarin duftendes Pergament.

In Pergamentpapier gegartes Saiblingsfilet auf Gemüsestreifen

Ein Gericht, das gut vorzubereiten ist und darüber hinaus eine Mahlzeit, die nicht belastet – ein Renner unserer Vitalküche.

Wir putzen das Gemüse und schneiden es in dünne Streifen. Nun breiten wir das Pergamentpapier auf der Arbeitsfläche aus, beträufeln es mit dem Traubenkernöl, setzen darauf die Gemüsestreifen und das mit Salz und Pfeffer leicht gewürzte Saiblingsfilet. Jetzt bedecken wir das Ganze mit ein paar Dillzweigen oder einem Rosmarinzweig und verschließen es durch mehrmaliges Einschlagen des Pergamentpapiers möglichst dicht.

Schließlich geben wir die Saiblingsfilets in den auf 180 Grad vorgeheizten Ofen, nach ca. 10 Minuten ist der Fisch fertig.

Die „Päckchen" verschlossen auf die Teller legen und erst bei Tisch öffnen.

FÜR 4 PERSONEN:

Zubereitungszeit 30 Minuten

4 Saiblingsfilets
1 Karotte
1 Stange Lauch
1 kleine Sellerieknolle
4 EL Traubenkernöl
1 Bund Dill oder
4 Rosmarinzweige
Salz, Pfeffer

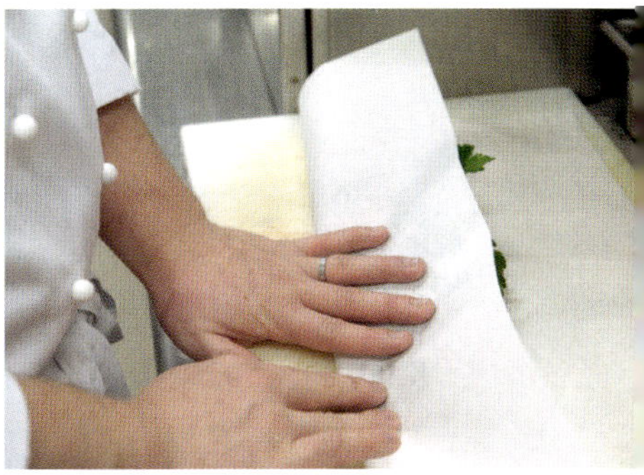

Geräuchertes Saiblingsfilet mit Kartoffel-Frühlingszwiebel-Plätzchen und Apfel-Sahne-Meerrettich

Wir heizen den Ofen auf 60 Grad vor, legen die Fischfilets auf das Ofenblech und schieben sie für 15 Minuten in den Ofen. Bespannt man das Blech mit einer Klarsichtfolie, bleibt der Fisch saftiger.

Nun schälen wir die Kartoffeln, reiben sie, geben die fein geschnittenen Frühlingszwiebeln unter die Kartoffelmasse und backen das Ganze mit 30 g Butter in der Pfanne goldgelb aus.

Für den Apfel-Sahne-Meerrettich schlagen wir die Sahne steif und heben den Meerrettich und das Apfelmus vorsichtig mit einem Löffel unter.

FÜR 4 PERSONEN:
Zubereitungszeit 30 Minuten
4 geräucherte Saiblingsfilets
4 mehligkochende Kartoffeln
2 Frühlingszwiebeln
2 EL Tafelmeerrettich
1 EL Apfelmus
100 ml Sahne
Salz, Pfeffer
30 g Butter

Suppe vom geräucherten Saibling mit Petersilienflan

Der aus dem Grätengerippe gewonnene Fischfond gibt diesem Gericht einen ganz besonders feinen Geschmack.

Für den Flan zupfen wir zunächst die Petersilienblätter vom Stängel und waschen sie gründlich. Dann erhitzen wir die Sahne in einem Topf, gießen sie über die Petersilienblätter und mixen das Ganze mit einem Mixstab auf. Die Eier mit einem Schneebesen kurz aufschlagen und die noch warme Petersiliensahne unterrühren. Zum Ausbacken des Flans nehmen wir kleine Auflaufförmchen - es eignen sich auch Espressotassen - und streichen sie mit Butter aus. Danach füllen wir die Petersiliencreme ein und schieben das Ganze bei 160 Grad Umluft für ca. 20 Minuten in den Ofen.

Für die Suppe benötigen wir zum Angießen einen Fond: Wir erhitzen 50 g Butter in einem Topf, geben eine in Würfel geschnittene Zwiebel sowie ca. 200 g Fischgräten hinzu und dünsten das Ganze farblos an, würzen es mit ein wenig Salz und Pfeffer sowie dem Abrieb einer Zitrone und geben die verbleibenden Petersilienstängel hinzu. Jetzt mit 1 l kaltem Wasser aufgießen, einmal aufkochen lassen, vom Herd nehmen und 20 Minuten ziehen lassen.

Für den Ansatz der Suppe nehmen wir vom Lauch nur den weißen Teil, diesen schneiden wir mit der Zwiebel in Würfel und dünsten alles mit 50 g Butter in einem Topf an, geben nun die restlichen Fischgräten dazu, bestäuben das Ganze mit Mehl und gießen es mit dem passierten Fond auf. Nach 20 Minuten passieren wir die Suppe, geben die Sahne hinzu, lassen das Ganze noch einmal aufkochen und mixen die restliche Butter mit einem Mixstab unter die Suppe. Den Flan vorsichtig aus den Tassen stürzen, in die Suppenteller setzen und die Suppe angießen.

FÜR 4 PERSONEN:
Zubereitungszeit 1 Stunde
500 g Grätengerippe vom geräucherten Saibling
100 ml Sahne
2 Zwiebeln
1 Stange Lauch
150 g Butter
Salz, Pfeffer
1 Zitrone
2 EL Mehl

Für den Petersilienflan:
2 Bund Petersilie
200 ml Sahne
4 Eier
Salz, Pfeffer
20 g Butter

Tatar vom geräucherten Saibling mit Kartoffelchips und Orangen-Crème-fraîche

Die Saiblingsfilets von allen Gräten und der Haut befreien und das Fleisch fein würfeln. Die Salatgurke halbieren und entkernen. Dann schneiden wir die Salatgurke und die Schalotten in feine Würfel und heben sie vorsichtig unter den Saibling. Das Ganze würzen wir mit Salz und Pfeffer, dem Abrieb einer Zitrone und dem gehackten Dill.

Die geschälten und in dünne Scheiben geschnittenen Kartoffeln backen wir in Öl goldgelb aus.

Für die Orangen-Crème-fraîche drücken wir die Hälfte einer Orange aus und verrühren den Saft mit der Crème fraîche sowie mit dem Abrieb der Orangenschale. Als Garnitur bietet sich ein Wildkräutersalat an, der dieses Gericht durch seine Würze im Geschmack unterstützt.

FÜR 4 PERSONEN:
Zubereitungszeit 30 Minuten
4 geräucherte Saiblingsfilets
1 Salatgurke
4 kleine Schalotten
1 Zitrone
1 Bund Dill
Salz, weißer Pfeffer

Für die Katoffelchips:
4 festkochende Kartoffeln
2 EL Öl

Für die Orangen-Crème-fraîche:
1 Orange
250 g Crème-fraîche

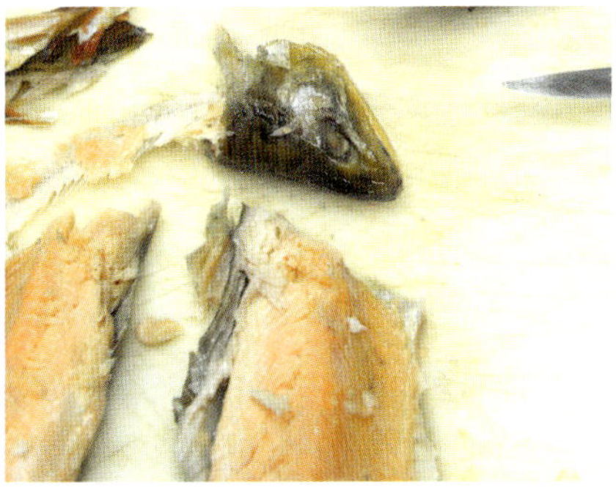

Wo Käse Natur und soziale Strukturen erhält – die Naturkäserei TegernseerLand

„Ein Lebensmittel ist etwas wert. Das kostet Geld. Da hab ich eine Ehrfurcht." Solche Sätze kann hören, wer Hans Leo von der Genossenschaft Naturkäserei Tegernseer-Land kennenlernt. Ein Mann mit großen Händen und großem Herzen. Gemeinsam mit einigen Gleichgesinnten gründete der Bauer vor einigen Jahren in Kreuth eine Käserei, die Qualität und nachhaltiges regionales Wirtschaften als Maximen ihres Handelns festlegte.

Das Ergebnis sind kraftvoll aromatische Hart- und Weichkäse, denen allesamt eine wichtige Besonderheit gemeinsam ist: Sie werden aus reiner Heumilch hergestellt. Das Beste aber ist, dass sich jeder von der natürlichen Produktionsweise selbst überzeugen kann, denn Hans Leo und seine Genossen haben ihr Käseparadies als Schaukäserei konzipiert. Bei einer Führung kann man den Geruch eines vor Käse-Laibern beinahe platzenden Käsekellers erschnuppern und das Geheimnis guter Milchprodukte lüften.

Mit Mut und Heumilch

Ein wahrhaft bauernschlauer Plan

An vielen Tagen im Jahr ist es noch dunkel, wenn Hans Leo zu seinen Kühen in den Stall geht. Und es gab auch Zeiten, da war sich der Tegernseer Landwirt nicht sicher, ob sich die Plackerei überhaupt rentiert. Damals, als sich der Milchpreis im Sinkflug befand und den bayerischen Bauern immer mehr schwante, dass sie zum Spielball der Weltwirtschaft zu werden drohten. Aber spätestens seit 2010 weiß Hans Leo wieder, warum es goldrichtig ist, um Viertel nach fünf Uhr zwischen den Rindviechern zu stehen und deren Euter mit Holzwolle abzureiben: Natürlich wirkte die Holzwolle schon vor der Erfüllung seines Traums antibakteriell, aber das Melken macht Hans Leo neuerdings auch aus einem anderen Grund wieder Freude. Hat er doch gemeinsam mit ein paar anderen mutigen Männern die Genossenschaft Naturkäserei TegernseerLand gegründet.

Die acht Bauern, zwei Gastwirte und ein Hotelmanager konnten es nicht mehr mit ansehen, dass die gute Tegernseer Milch – verkauft zu Spottpreisen – nach Italien gefahren wurde, dort verarbeitet und dann wieder zurück in die Geschäfte ihrer Heimat transportiert wurde. „Die Wertschöpfung blieb im wahrsten Sinne des Wortes auf der Straße", sagt Hans Leo leise. Und obwohl dieses unsinnige Phänomen für ihn und die anderen Naturkäserei-Genossen in Kreuth längst der Vergangenheit angehört, kann er darüber noch immer verständnislos den Kopf schütteln.

Gleich darauf freut sich Hans Leo aber schon wieder mit stillem Stolz, und zwar, wenn er vom Tegernseer Bergkas und vom Wallberger Natur, vom Tegernseer Camembert, vom Weinkas und vom Hirschberger erzählt. Allesamt werden sie in der kleinen Käserei aus frischer Heumilch hergestellt. Die besondere Qualität der Heumilch rührt von der Tatsache, dass die Kühe, die sie erzeugen, sich im Sommer von frischem Gras und im Winter von wohlschmeckendem Heu ernähren. Wie die Bierbrauer haben sich Hans Leo und seine Genossen – genauer gesagt: ihren Kühen – ein Reinheitsgebot auferlegt. In den Tegernseer Käse kommen nur in silofreier Fütterung entstandene Milch, Lab, Kulturen wie Milchsäurebak-

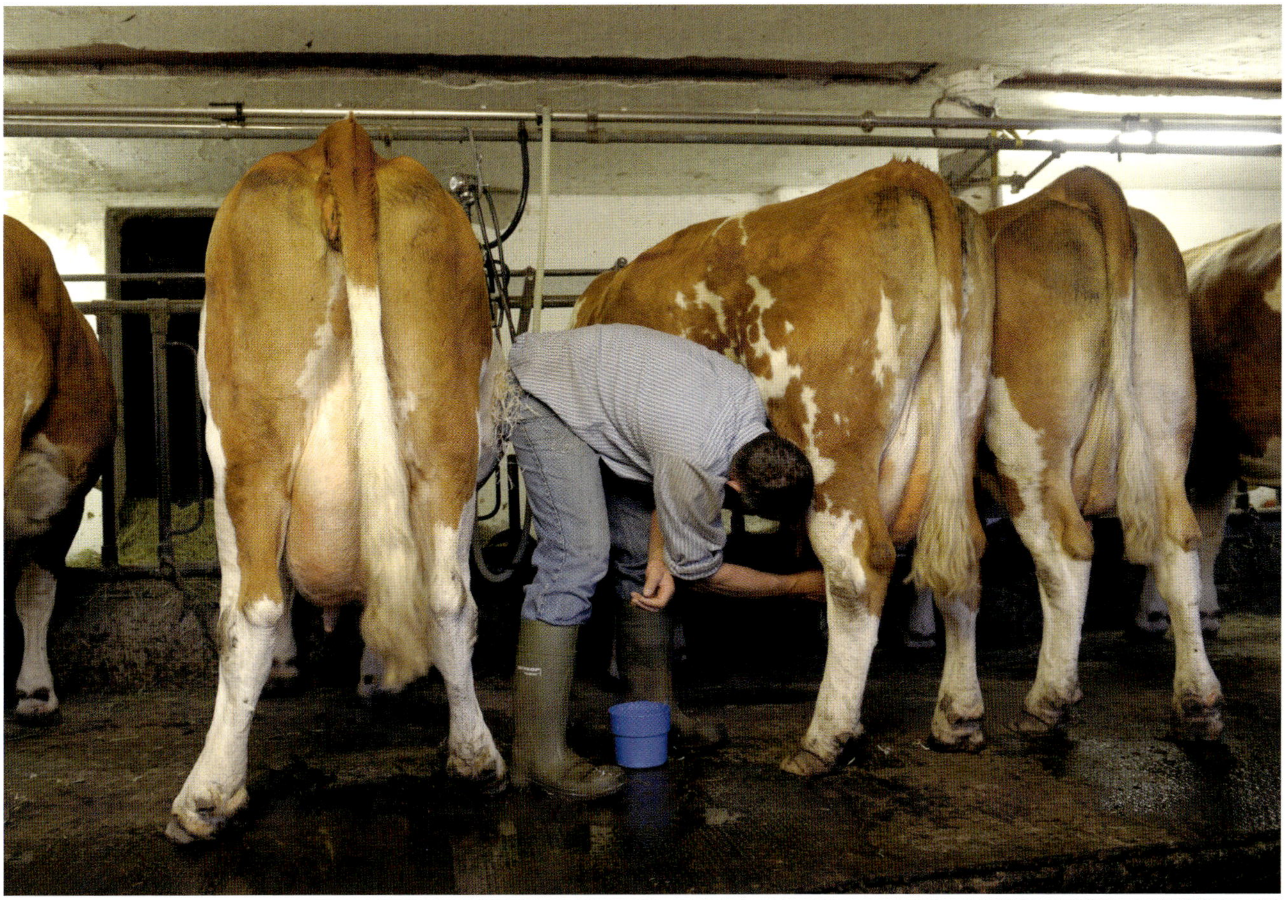

terien, Salz, und wo es hineingehört, Gewürze. Wie etwa in den Weichkäse Wildschütz Jennerwein, der pikant nach grünem Pfeffer schmeckt. Auch wird die Milch vor der Verarbeitung nicht durch die halbe Welt kutschiert, sondern stammt von Kühen, deren einundzwanzig Bauern rund um den Tegernsee leben.

Weil sich der herzhafte Geschmack des Tegernseer Käses herumgesprochen hat, wird er nicht nur im Pschorr gerne als Gemischtes Käsebrettl bestellt, sondern auch vor Ort genossen: Das sich harmonisch in die Naturlandschaft einfügende Käsereigebäude beherbergt einen sympathischen kleinen Laden und ein Brotzeitstüberl mit herrlicher Terrasse und Blick auf den Hirschberg. Direkt vor dem Haus wartet ein mit Liebe angepflanzter Kräutergarten darauf, dass neugierige Feinschmecker die in ihm sprossenden heimischen Kräuter entdecken. Das ist man ihm auch schuldig, schließlich sind es vor allem die Kräuter, welche den Tegernseer Milchprodukten ihre urige Naturkraft schenken. Denn die Kräuter wachsen natürlich auch auf den Wiesen, auf denen die glücklichen Kühe von Hans Leo und den anderen Bauern grasen und auf diese Weise zur Erhaltung der typisch bayerischen Landschaft beitragen.

Gesund ist die Tegernseer Milch übrigens auch: „Sie weist ein optimales Fettsäuremuster auf und ihr hoher Anteil an Omega-3-Fettsäuren beugt Herz-Kreislauf-Erkrankungen vor", erläutert Hans Leo fachmännisch und man gerät ins Staunen. Schließlich war der Mann, der hier wie ein Käsewissenschaftler spricht, vor ein paar Jahren einfach nur Bauer. Heute wacht er als Vorstandsvorsitzender der Genossenschaft über einen stattlichen Käsekeller, in dem Käse im Gesamtwert von mehreren hunderttausend Euro lagert – auf schlichten Holzbrettern, so können Holz und Käse gemeinsam atmen.

Drei bis zwölf Monate reifen die fünfzehn Kilogramm schweren Bergkäse-Laibe. Täglich werden sie mit einer Salzwasserlauge geschmiert, natürlich von Hand. Das Salz entzieht dem Käse Flüssigkeit und fördert so die Rindenbildung. Was wäre ein Bergkäse ohne Rinde! Außerdem hält die tägliche Salz-Liebkosung Schimmel fern, der bei dieser Käsesorte nicht erwünscht ist. Das Ergebnis ist ein würziger Genuss, der seinesgleichen sucht.

Hans Leo hat riesige Hände und ein herzliches und offenes Lächeln. Besonders glücklich macht ihn, dass die Käserei mehr ist als nur ein Ort, an dem guter Käse entsteht. Man übernehme auch Verantwortung für die Region, sagt er: „Mit jedem Stück Kas", erklärt der Bauer, „schützen wir unsere Landschaft und unsere gewachsene soziale Struktur." Die Landwirte, deren Milch in der Naturkäserei verarbeitet wird, seien alle in der Gesellschaft fest verankert, etwa als Forstarbeiter und Feuerwehrkommandanten tätig, also auch über den Käse hinaus nützliche Mitglieder der Gesellschaft. Gleichzeitig mache man durch die direkte regionale Vermarktung keinem anderen Landwirt Konkurrenz. Auch das ist dem bescheidenen Hans Leo wichtig. Denn nur allzu gut kann er sich an die Jahre erinnern, als er ratlos darüber sinnierte, wie es mit der Milch und ihrem Preis weitergehen sollte. Aber diese Zeit ist, auch dank der Heumilch, nun Gott sei Dank vorbei.

Hausgemachte Käsespätzle mit geschmolzenen und gerösteten Zwiebeln

FÜR 4 PERSONEN:
Zubereitungszeit 1 Stunde
250 g Reibkäse aus der Naturkäserei TegernseerLand
500 g Mehl
4 Eier
3 Eigelb
Salz
100 ml Brühe
Evtl. 10 ml Wasser

Für die Zwiebeln:
4 große Zwiebeln
100 g Butter für die geschmolzenen Zwiebeln
ca. 1 l Öl für die gerösteten Zwiebeln
100 g Mehl
30 g edelsüßer Paprika

Für die Spätzle geben wir Mehl in eine Schüssel, bilden eine Mulde und geben die Eier in die Mulde. Salz hinzufügen und nun die Zutaten von innen nach außen miteinander vermengen, bis ein geschmeidiger Teig entsteht. Den Teig mit einem Löffel so lange schlagen, bis er Blasen wirft, danach ca. 20 Minuten ruhen lassen.

In der Zwischenzeit die Zwiebeln schälen, halbieren und in dünne Streifen schneiden. In einem Topf das Öl erhitzen, nach ca. 10 Minuten auf mittlerer Hitze ist das Öl heiß. Wir geben nun 3 geschnittene Zwiebeln in eine Schüssel, vermengen sie kurz mit dem Paprikapulver und dem Mehl und backen sie dann im heißen Öl goldgelb aus. Nach dem Ausbacken legen wir die Zwiebeln auf ein Küchenkrepp, damit das Fett aufgesaugt wird.

Eine fein geschnittene Zwiebel geben wir in eine Pfanne und schmoren sie in 100 g Butter glasig, danach stellen wir die Pfanne vom Herd.

Nun stellen wir in einen großen Topf Wasser zu. Sobald das Wasser kocht, geben wir den Spätzleteig in eine Spätzlereibe und reiben die Spätzle in das Wasser. Wenn die Spätzle an der Oberfläche schwimmen, sind sie fertig und können mit einem Sieb abgeschöpft werden. Wir geben sie gleich in die Pfanne mit den geschmolzenen Zwiebeln, fügen ein wenig Brühe hinzu und schwenken sie mit der Reibkäsemischung durch.

Nun die Käsespätzle auf einer Platte oder einem Teller anrichten und die Röstzwiebeln obenauf setzen.

Gebackener Wallberger Kräuterkäse mit Wildkräutersalat in leichtem Joghurt-Dressing

FÜR 4 PERSONEN:
Zubereitungszeit 30 Minuten
600 g Wallberger Kräuterkäse
2 Eier
Mehl
Semmelbrösel
Öl zum Ausbacken

Für den Salat:
Wildkräutermischung
1 Becher Joghurt
2 EL Kräuteressig
3 EL Öl
Salz, Pfeffer
1 Bund Schnittlauch
1 Bund Petersilie

Den Wallberger Kräuterkäse in dickere Scheiben schneiden. Das Ei verquirlen. Die Käsescheiben mit Mehl bestäuben, im Ei wenden und nochmals wiederholen, bevor wir sie in die Semmelbrösel geben. Darauf achten, dass die Scheiben mit den Semmelbröseln gut umhüllt sind, dies verhindert das Auslaufen des Käses beim Ausbacken in der Pfanne. Danach die Käsescheiben von beiden Seiten in heißem Öl goldgelb ausbacken.

Die Wildkräutermischung in kaltem Wasser waschen und in einer Salatschleuder gut trocknen.

Für das Dressing Schnittlauch und Petersilie fein schneiden und mit den anderen Zutaten verrühren. Den Salat in eine Schüssel geben und mit dem Dressing vermischen.

Der Pschorr

Hirschberger sauer

Wir schneiden den Hirschberger Käse in dickere Scheiben und legen ihn in ein etwas tieferes Geschirr. Für die Marinade den Essig mit den Gewürzen verrühren und zum Schluss das Öl hinzugeben. Nun das Ganze über den Käse geben und für ca. 4 Stunden kühl stellen, so dass der Käse gut durchziehen kann. Evtl. auch ein wenig Kümmel mit zur Marinade geben.

Schließlich die Käsescheiben aus der Marinade nehmen, auf einem Teller anrichten, mit etwas Marinade überziehen und die in Scheiben geschnittenen roten Zwiebeln darauf anrichten. Mit Radieschen, Essiggurken, Tomatenecken und Petersilie garnieren.

Als Beilage eignen sich hervorragend Pellkartoffeln.

FÜR 4 PERSONEN:

Zubereitungszeit 20 Minuten

600 g Hirschberger, halbfester milder Schnittkäse
100 ml Kräuteressig
200 ml Sonnenblumenöl
Salz, Pfeffer
2 rote Zwiebeln

Zum Garnieren:

Essiggurken
Radieschen
Tomaten
Petersilie

Köstlich dampfende Apfelkücherl und andere süße Verführungen

Es ist eine kleine, aber feine Dessertkarte, die Inka Lochbihler den Gästen des Pschorr anbietet. Diese Exklusivität hat einen entscheidenden Vorteil: Ganz gleich, ob der Gast sich für den nach Traditionsrezept gefertigten Warmen Apfelstrudel oder die mit Weißbierteig hergestellten Apfelkücherl – die direkt aus der Pfanne noch warm an den Tisch kommen –, für die Gebrannte Creme mit selbstgemachtem Pralineneis oder den von der französischen Kochkultur inspirierten Schokoladenkuchen entscheidet – all dies ist das Ergebnis grundehrlichen Küchenhandwerks.

Regelmäßig schaut die Pschorr-Wirtin Wolfgang Schmidt und seinen Köchen über die Schulter. „Es ist immer nett, wenn sie in die Küche kommt", sagt der Chefkoch. Für das Süße aber habe die Wirtin ein besonderes Händchen. In der Weihnachtszeit, so verrät er, bäckt sie nächtelang zahllose köstliche Zimtsterne, Vanillekipferl und Lebkuchen für die Mitarbeiter. Denn nur zufriedene Mitarbeiter können Gäste glücklich machen.

Apfelkücherl in Weißbierteig mit Vanilleeis

Die Äpfel schälen, das Kerngehäuse ausstechen und die Äpfel in ½ cm dicke Scheiben schneiden. Für den Bierteig das Mehl in eine Schüssel geben, eine Mulde bilden und das Eigelb mit dem Zucker, dem Salz und dem Bier zu einem noch flüssigen, glatten Teig verrühren. Nun das Eiweiß steif schlagen und unter den Teig heben.

Dann erhitzen wir das Öl in einem Topf, umhüllen die Apfelscheiben mit dem Bierteig und backen sie im siedenden Öl heraus, bis sie eine goldbraune Farbe angenommen haben. Danach herausnehmen, in der Zucker-Zimt-Mischung wenden und auf einem Teller mit Vanilleeis anrichten.

Für das Vanilleeis die Sahne mit der Milch und den halbierten Vanillestangen aufkochen, danach die Vanille entfernen. Das Eigelb mit dem Zucker schaumig rühren und die heiße Flüssigkeit dazugeben. Abkühlen lassen und in einem geeigneten Gefäß ins Gefrierfach stellen. Von Zeit zu Zeit herausnehmen und mit einem Stabmixer aufmixen, bis das Eis cremig gefroren ist.

FÜR 4 PERSONEN:
Zubereitungszeit 30 Minuten
2 Äpfel
100 g Mehl
2 Eier
50 g Zucker
1 Msp Salz
100 ml Weißbier
100 g Zucker
10 g Zimt
1 l Öl

Für das Vanilleeis
350 ml Sahne
150 ml Milch
5 Eigelb
2 Vanillestangen
120 g Zucker

Apfelstrudel mit Vanillesauce

Für den Strudelteig das Mehl in eine Schüssel geben, eine Mulde bilden und das Eigelb sowie das Wasser und die handwarme Butter mit dem Salz hinzufügen und alles zu einem elastischen Teig verarbeiten. Das Ganze 30 Minuten ruhen lassen. In der Zwischenzeit die Äpfel schälen, das Kerngehäuse entfernen, die Früchte vierteln und in Scheiben schneiden. Im Anschluss die Rosinen, Mandeln, Zucker und Zimt zu den Äpfeln geben.

Den Teig nun vorsichtig auf einer bemehlten Fläche ausrollen und mit den in Mehl bestäubten Händen ausziehen. Je dünner, desto besser. Falls Löcher auftreten sollten, einfach ignorieren, da sie beim Zusammenrollen „verschwinden". Nun geben wir die Äpfel mit den Rosinen und Mandeln auf den ausgezogenen Teig und rollen den Strudel auf. Besser geht es, wenn man den ausgezogenen Teig auf ein Tuch legt und den Teig mit dem Tuch zusammen rollt. Den Strudel nun auf ein gebuttertes Backblech setzen, mit ein wenig flüssiger Butter bestreichen und im Ofen bei 170 Grad für 45 Minuten backen.

Für die Vanillesauce das Eigelb mit dem Zucker schaumig rühren, die Milch mit der Vanillestange aufkochen und zu dem Eigelb geben. Die Vanillestange entfernen und das ganze im Wasserbad mit einem Löffel cremig rühren.

FÜR 4 PERSONEN:
Zubereitungszeit 2 Stunden
250 g Mehl
1 Eigelb
150 ml Wasser
1 Msp Salz
100 g weiche Butter
½ kg Äpfel
20 g Rosinen
20 g Mandeln
10 g Zucker
5 g Zimt
50 g zerlassene Butter

Für die Vanillesauce:
5 Eigelb
80 g Zucker
1 Vanillestange
200 ml Milch

Gebrannte Creme mit hausgemachtem Pralineneis

Was in Frankreich als vornehme Crème brulée auf den Tisch kommt, ist im bayerischen Wirtshaus die Gebrannte Creme, hier mit Pralineneis und Früchten verfeinert.

Für die Gebrannte Creme die Sahne mit der Milch und der Vanillestange zum Kochen bringen. In einer Schüssel das Eigelb mit dem Zucker gut verrühren, die aufgekochte Sahne-Milch-Mischung durch ein Sieb passieren und zum Eigelb geben, einmal mit dem Schneebesen umrühren und das Ganze in feuerfeste Formen gießen. Diese geben wir bei Umluft bei 95 Grad für 1¼ Stunden in den Ofen.

Danach aus dem Ofen nehmen, auskühlen lassen, mit braunem Zucker besträuen und mit dem Flambiergerät karamelisieren.

Für das Pralineneis die Sahne mit der Milch und der Kuvertüre aufkochen. Das Eigelb mit dem Zucker schaumig rühren und die heiße Flüssigkeit dazugeben. Nun füllen wir das Ganze in ein Gefäß und geben vor dem Frosten den Cognac dazu. Von Zeit zu Zeit aus dem Gefrierfach nehmen und mit einem Stabmixer aufmixen, bis das Eis cremig gefroren ist.

FÜR 4 PERSONEN:
Zubereitungszeit 4 Stunden
750 ml Sahne
250 ml Milch
80 g Zucker
1 Vanillestange
12 Eigelb
Brauner Zucker zum Karamellisieren

Für das Pralineneis:
5 Eigelb
350 ml Sahne
150 ml Milch
80 g dunkle Kuvertüre
10 ml Cognac
120 g Zucker

Warmer Schokokuchen mit hausgemachtem Fruchtsorbet

FÜR 4 PERSONEN:
Zubereitungszeit 30 Minuten (plus 12 Stunden für das Sorbet)
250 g Butter
250 g Zucker
250 g Kuvertüre
6 Eier
1 EL Speisestärke

Für das Fruchtsorbet:
400 ml Wasser
400 g Zucker
300 g Früchte der Saison
Abrieb von 1 Zitrone
Abrieb von 1 Orange

Für den Schokokuchen einen Topf mit Wasser erhitzen. Dann schmelzen wir die Kuvertüre und die Butter in einer passenden Schüssel im Wasserbad. Das Eigelb verrühren wir mit dem Zucker und geben die Speisestärke dazu. Das Eiweiß schlagen wir auf, bis es steif ist. Nun geben wir die zerlaufene Kuvertüre zu dem Eigelb und heben das steif geschlagene Eiweiß unter. Das Ganze geben wir in eine feuerfeste Form, die wir vorher mit Alufolie ausgelegt haben. Achten Sie darauf, dass die Alufolie nicht reißt. Jetzt kommt der Kuchen bei 180 Grad für 30 Minuten in den vorgeheizten Ofen. Danach etwas abkühlen lassen. Vor dem Anrichten wird der Kuchen gestürzt, die Alufolie wird abgezogen, dann stechen wir mit einem Ring kleine Törtchen aus.

Für das Sorbet geben wir das Wasser und den Zucker in einen Topf und lassen das Ganze aufkochen. Nun kommen der Abrieb von der Orange und der Zitrone dazu. Wir gießen den fruchtigen Läuterzucker über die geputzten Früchte und stellen das Sorbet ins Gefrierfach. Von Zeit zu Zeit mit dem Stabmixer aufmixen, bis das Sorbet gut durchgefroren ist.

Ein süffiges Bier und ein altes Handwerk – Aufzeichnungen aus dem Holzfasskeller

Ein Besuch bei Braumeister Hans Fichtl von der Brauerei Hacker-Pschorr kann durstig machen. Denn wenn man Glück hat, führt einen der schnurrbärtige Bayer in ein Bier-Refugium, in dem das Arbeitstempo noch von der Kraft zweier Männer bestimmt wird.

Damit dieses bayerische Naturprodukt sein volles Aroma entfalten kann, müssen aber noch mehr Menschen ihren Teil beitragen: Da wäre der Schäfflermeister Dirk Stephan zu nennen, der die Holzfässer in mühevoller Handarbeit zusammenbaut, in denen das Hacker-Pschorr Edelhell lagert. Und da braucht es einen Wirt, dem das Bier heilig ist. Das aber reicht auch noch nicht aus. Denn der Wirt muss sich mit Physik auskennen, Stangeneis vorrätig halten und Kontakte zu Erfindern pflegen. Die Sache mit dem Holzfassbier ist alles andere als einfach – bis auf das Trinken. Das geht am Ende ganz leicht.

Ein Zaubertrank

Die Gallier von Giesing und ihr Holzfassbier

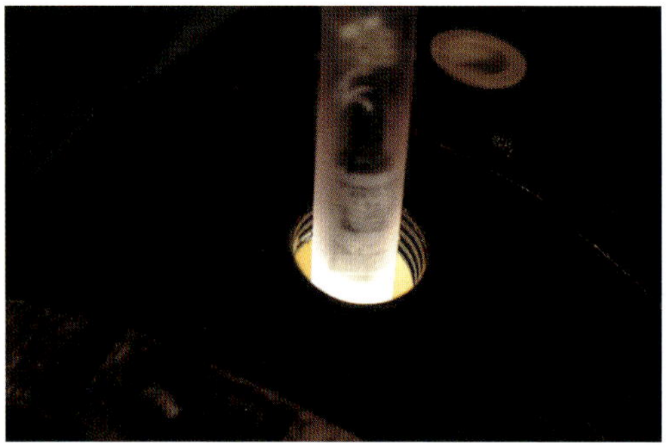

Natürlich ist Hacker-Pschorr eine der großen Münchner Traditionsmarken, deren Bier auf der ganzen Welt getrunken wird. Aber die Brauerei leistet sich auch ein kleines Biotop, das der Moderne widersteht und von dem fast niemand weiß. Verborgen in einem Eck hinter glänzenden Stahlfässern kann man an ein, zwei Vormittagen pro Woche einen einzelnen Mann dabei beobachten, wie er von Hand Fässer befüllt. Und einen zweiten, welcher die vollen Fässer auf eine Palette rollt. Beim Anblick dieser beiden kann man nostalgisch werden. Der Häuptling dieses „gallischen Dorfs" heißt Braumeister Hans Fichtl. Er ist ein Bär von einem Bayern, der stolz ist auf die Handarbeit, die seine Männer leisten. Das darf er ruhig auch sein – die Zahlen veranschaulichen den köstlichen Wahnsinn, dem man hier huldigt: Mit der Handbefüllung schaffen die zwei Arbeiter vierzig Fässer pro Stunde. Im Rest der Brauerei sind es mit moderner Technik eintausend. Das Fünfundzwanzigfache.

Warum nun dieser Aufwand? Ganz einfach: Die Fässer, die hier von den Giesinger Galliern befüllt werden, sind aus Holz. Ganz bewusst haben sich Inka und Jürgen Lochbihler für das Bier aus dem altmodischen Natur-Fass entschieden. Als Herz ihres Pschorr thront es beim Ausschank mitten im Wirtshaus und ist von fast allen Plätzen sichtbar. Wahre Biergeniesser schwören, dass das Holzfassbier vom Geschmack her süffiger und milder ist als die meisten Biere, die aus Stahlfässern ausgeschenkt werden. Wer öfter im Pschorr einkehrt, erlebt nicht selten, dass sich selbst überzeugte Weintrinker aus reiner Neugier ein Edelhell aus dem Holzfass bestellen und nach dem ersten Glas derart begeistert sind, dass noch weitere folgen. Nun kann man sich fragen, weshalb außer dem Pschorr so wenig andere Wirte das Bier aus dem Holzfass ausschenken. Die Antwort liegt auf der Hand: Die Verwendung von Holzfässern bedeutet nicht nur für die Brauerei einen wesentlich größeren Aufwand. Auch der Wirt, der das Bier sei-

HACKER-PSCHORR
EDELHELL
STAMMWÜRZE: 12,5 GEW.%, alc.5,5%vol.
ZUTATEN:WASSER, GERSTENMALZ,
HOPFEN, HOPFENEXTRAKT
BITTE KÜHL UND VOR WÄRME GESCHÜTZT
LAGERN! KEEP COOL! CONSERVARE AL
FRESCO! GARDER AU FRAIS!

nen Gästen serviert, ist mehr gefordert. Das beginnt mit der Fassaufbewahrung und -kühlung: Niemals dürfen die Holzfässer ganz austrocknen, sonst werden sie undicht. Daher hat der Pschorr einen eigenen Kellerraum, in dem die Fässer ganz traditionell unter Stangeneis lagern. Wer sich davon überzeugen will, braucht nur ins Kellergeschoss des Wirtshauses zu gehen. Selbstverständlich stellt man das Stangeneis im Pschorr selbst her.

Doch allein damit lässt sich die hervorragende Qualität des am Viktualienmarkt ausgeschenkten Biers nicht erklären. Bei modernen Schankanlagen wird dem Bier beim Zapfen Kohlensäure zugeführt. Beim Bier aus dem Holzfass sprudelt nur die Kohlensäure, die bei der Gärung entstanden ist mit ins Glas. Das ist natürlich weniger, und deshalb wird das Bier oft als bekömmlicher empfunden. Dieser Vorzug bringt aber das Problem mit sich, dass das Bier schneller lack wird. Und dann noch die Physik: Je wärmer das Glas ist, in das das Bier gefüllt wird, umso mehr Kohlensäure geht verloren.

Lange haben die Lochbihlers über diesem unerwünschten Nebeneffekt gebrütet. Und beinahe hätten sie sich für den Ausschank herkömmlichen Biers entschieden, da lernten sie zufällig den Küchenbauer Hubert Bohner kennen. Der passionierte Tüftler erfand eigens für den Pschorr eine einzigartige Glaskühlmaschine, die nun direkt neben dem Holzfass steht und die Biergläser binnen Sekunden so weit herunterkühlt, dass sie, teilweise noch mit Eiszapfen verziert, den Tisch des Gastes erreichen. Die Glaskühlmaschine ist übrigens ein Weltpatent. Um ganz sicherzugehen, wählten die Lochbihlers für ihr Bier aber auch noch ein besonders schlankes Glas aus, das der Kohlensäure das Entweichen erschwert. Und schließlich gibt es eine eherne Regel im Pschorr: Ein Holzfass, das mehr als fünfundvierzig Minuten angezapft ist, wird ausgetauscht – auch wenn es noch nicht leer ist. Das ist der Pschorr seinem Ruf als Ort des Biergenusses schuldig.

Es gibt aber noch einen weiteren Garanten für den guten Geschmack des kühlen Getränks: Und der

verbirgt sich in seinen Fässern. Einer der Miraculixe, die sie bauen, ist der Schäfflermeister Dirk Stephan. Als Mitarbeiter des letzten Fassmachers Münchens, Wilhelm Schmid, geht er einem uralten Handwerk nach. 2014 feiert der Betrieb sein hundertjähriges Jubiläum.

Schon im Eingangsbereich riecht es nach Baumharz. Peter Schmid, der Sohn des Chefs, der gerade erst Abitur gemacht hat und den kleinen Betrieb in einigen Jahren in der vierten Generation führen wird, ist gerade dabei, Fässer zu pichen. Doch dazu später. Schäfflermeister Dirk Stephan führt uns in eine Werkstatt, die auf den ersten Blick die eines Schreiners sein könnte. Doch dann fallen die Fässer und deren Teile ins Auge. Sie alle werden aus Eiche hergestellt. Damit das Holz die typisch geschwungene Fassform der Dauben bekommt, muss es gekocht werden. Zu diesem Zweck steht im hinteren Teil der Werkstatt eine große rechteckige Eisenwanne. Waren die Dauben eineinhalb Stunden in dem von einem Holzfeuer zum Dampfen gebrachten Nass, fischt Dirk Stephan sie heraus und spannt sie in eine Maschine, die von ihrem Aussehen her durchaus als mittelalterliches Folterwerkzeug durchgehen würde. Mit ihr biegt der Fassbinder die Daube in ihre typische Form, um sie dann zum Trocknen für vier bis fünf Tage in eine schwere eiserne Klammer zu spannen. Danach befreit der Meister die Dauben und stellt sie in einen der Eisenreifen, die später das Fass zusammenhalten werden. Was nun kommt, ist Präzisionsarbeit. Von Hand geschnitten müssen die Dauben so genau aufeinanderpassen, dass sie dicht halten. Ohne Klebstoff, Dichtungsmittel oder sonstige Hilfen. „Der Schäffler arbeitet genauer als der Uhrmacher“, sagt Dirk Stephan und zitiert damit einen alten Spruch der Zunft, die alle sieben Jahre in München ihren berühmten Schäfflertanz aufführt, dies mindestens seit 1760. Sitzen alle Dauben präzise aufeinander und sind die Eisenreifen passgerecht vernietet, muss der Fassmacher das Fass aushobeln

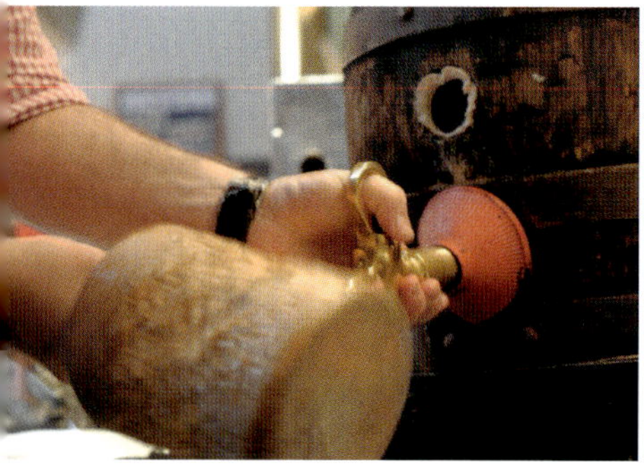

und die Kimme fräsen, in die der Boden kommt. Bevor ein Fass mit Bier befüllt werden kann, muss es jetzt noch innen ausgepicht werden. Das einhundertachtzig Grad heiße Nadelbaumharz wird von einer uralten Maschine in das Holzbehältnis gespritzt. Der Pechüberzug erleichtert die spätere Reinigung und sorgt für Geschmacksneutralität.

Holzfässer sind wertvoll und müssen deshalb gut gepflegt werden. Bei Hacker-Pschorr gibt es welche, die sind schon 40 Jahre alt. Und wenn sie schadhaft geworden sind, werden sie nicht weggeworfen. Nein, die Fässer kommen jedes Jahr einmal in die Fassmacherei Wilhelm Schmid und werden überholt. Dazu muss Dirk Stephan mit einem speziellen Hammer die Fassreifen vom Holz herunterklopfen. Hier paaren sich Kraft mit Genauigkeit auf ideale Weise. Schließt man die Augen und lauscht dem Geräusch, das bei diesem Arbeitsgang entsteht, fühlt man sich in ein anderes Jahrhundert versetzt. Ist das Fass zerlegt, werden schadhafte Dauben ausgetauscht und der Innenraum neu gepicht. Dank dieser akribischen Pflege kann ein Holzfass mehr als fünfzig Jahre lang seinen Dienst tun. Trotzdem ist das Fassmachen eine Kunst, die nur noch wenige beherrschen. Eine industrielle Fertigung von Holzbierfässern ist nicht üblich. Zu gering ist der Bedarf. Wer Bier aus dem Holzfass trinkt, erlebt ein geschmackliches Abenteuer, dessen Ursprünge weit in die Vergangenheit reichen. Und so lange es Menschen gibt, deren Geschmackssensoren so sensibel sind, dass sie den Unterschied zwischen einem Holzfassbier und einem herkömmlichen Bier erfühlen können, hat das Fassbinden eine ebenso gute Chance zu überleben wie es einst die Gallier hatten. In beiden Fällen ist es ein Zaubertrank, der ungeahnte Kräfte freisetzt.

er Pschorr

Saurer Knödelsalat

Zum einem Hacker-Pschorr Edelhell passt für die Brotzeit nichts besser, als einer der beliebten traditionellen Salate. Für den Sauren Knödelsalat eignen sich sehr gut Knödel, die übrig geblieben sind. Man sollte sie noch warm marinieren, damit die Knödel besser durchziehen.

Wir schneiden die Semmeln in ca. ½ cm große Würfel, erhitzen die Milch in einem Topf und übergießen damit die Semmelwürfel. Dann die würfelig geschnittene Zwiebel in einer Pfanne mit wenig Öl glasig anschwitzen, die gehackte Petersilie dazugeben, nochmals durchschwenken und unter die Semmelwürfel mischen. Mit Salz, Muskat und Pfeffer abschmecken und zum Schluss die Eier unterheben. Die Semmelmasse ca. 20 Minuten ziehen lassen. Nun formen wir die Knödel und geben sie in siedendes Salzwasser. Nach ca. 10 Minuten, wenn die Knödel an der Oberfläche schwimmen, herausnehmen und in Scheiben schneiden.

Für die Marinade den Senf in eine Schüssel geben und mit dem Essiggurkensaft verrühren. Nun mit Salz und Pfeffer würzen und mit dem Öl glatt rühren, so dass eine homogene Flüssigkeit entsteht. Diese Marinade über die aufgeschnittenen Knödel geben und 1 Stunde ziehen lassen. Mit der Marinade auf einem Teller anrichten, mit in Ringen geschnittenen roten Zwiebeln belegen und mit Radieschen, Schnittlauch und Kresse garnieren.

FÜR 4 PERSONEN:
Zubereitungszeit 20 Minuten
4 Semmeln vom Vortag
200 ml Milch
3 Eier
Salz, Pfeffer, Muskat
1 Zwiebel
1 Bund Petersilie
1 Spritzer Öl

Für die Marinade:
1 EL Senf
10 ml Essiggurkensaft
30 ml Sonnenblumenöl
Salz, Pfeffer

Für die Garnitur:
Rote Zwiebeln
Radieschen
Schnittlauch
evtl. Kresse

Pschorrs Weißwurstsalat

Der Klassiker im Sommer in unserem Wirtsgarten, ideal zur Verarbeitung von Weißwürsten, die übrig geblieben sind.

Wir überbrühen die Weißwürste mit heißem Wasser, nehmen sie heraus, ziehen die Haut ab und schneiden sie in dünne Scheiben. Dann die Brezen in Scheiben schneiden und zur Weißwurst geben. Mit dem in der erhitzten Brühe verrührten süßen Senf übergießen und einen Augenblick ziehen lassen.

Auf einem Teller nach Belieben mit Essiggurke, Tomate oder einem gekochten Ei garnieren.

FÜR 4 PERSONEN:
Zubereitungszeit 15 Minuten
4 Weißwürste
2 Brezen (müssen nicht frisch sein)
3 EL süßer Senf, am besten von Händlmaier
10 ml Brühe

Für die Garnitur:
1 gekochtes Ei
1 Tomate
1 Essiggurke

Unsere Lieferanten

Fürstlich Castell'sches Domänenamt	Castell	Wein: Silvaner, Rivaner, 1224 (Rotwein), Fränzi (die bayrische Antwort auf Prosecco)
Perger Säfte	Breitbrunn am Ammersee	Saft: Apfel-, Johannisbeer-, Orangen-, Rhabarbersaft, Hollerlimonade, Obstgartenschweine
Lantenhammer Destillerie	Schliersee	Schnaps: Marille, Vogelbeer, Waldhimbeer, Mirabelle
Edeldestillation Haas	Pretzfeld, Franken	Schnaps: Enzian, Schlehe, Haselnuss
Familie Bacher	Kleinhartpenning	Eier
Fischzucht Gmund-Louisenthal	Gmund	Fisch: Saibling, Forelle
Hacker-Pschorr Brauerei	München	Bier: Edelhell vom Holzfass, Weißbier, Sternweiße, Leichte Weiße, Dunkel, Pils
Gut Kerschlach Wurstmanufaktur	Pähl	Wurst: Winzlinge, Salami Rindfleisch (Murnau-Werdenfelser), Schweinefleisch (Obstgartenschweine)
Heisshof	Ismaning	Kartoffeln
Geflügelhof Andreas Lugeder	Pleiskirchen	Geflügel: Ente, Gans
Josef Kienast	Ismaning	Kraut: Blaukraut, Sauerkraut, Weißkraut, Wirsing
Metzgerei Josef Killer	Warngau	Fleisch: Rindfleisch (Murnau-Werdenfelser), Schweinefleisch (Obstgartenschweine)
Naturkäserei TegernseerLand eG	Kreuth am Tegensee	Käse: Bergkäse, Wallberger Kräuter, Weinkäse, Hirschberger, Tegernseer Camembert, Riedersteiner
Jäger Wilhelm Neuner	Wallgau	Wild: Hirsch, Reh
Metzgerei Packlhof	Eurasburg	Wurst vom Murnau-Werdenfelser Rind: Leberwurst, Almring, Bierbratwurst; Rinderschinken
Bäckerei Ludwig Riedmair	Garching	Brot, Brezen
Wild Schmid	Großweil	Wild: Reh, Gämse
Fassfabrik Schmid	München	Holzfässer
Rosenthal Porzellan	Selb	Geschirr
Schreinerei Josef Eham	Hausham	Mobiliar, Inneneinrichtung
Vereinigte Filz Fabriken	Giengen	Bierfilze
Franz Herb GmbH	Puchheim	Biergläser

Murnau-Werdenfelser Züchter

Johann Angermeier	Brunnen-Hohenried
Arche-Hof Anja und Georg Schlickenrieder	Otterfing
Johann und Sonja Blockinger	Huglfing
Gut Kerschlach	Pähl
Josef Glatz	Garmisch-Partenkirchen
Leitzachtaler Ziegenhof Werner & Martina Haase	Fischbachau
Thomas Jocher	Garmisch-Partenkirchen
Josef Lindauer	Altenau
Stefan Neumeier	Steingarden
Hubert Pest	Ettal
Anton Oswald	Eschenlohe
Josef Pongratz	Oberammergau
Helene Schmid	Riegsee
Johann Staltmair	Altenau/Wurmansau
Irmgard Wolf	Antdorf
Warbichlhof Klement Fend	Oberammergau
Michael Weiss	Schöffau
Klaus Steigenberger	Eschenlohe

Verzeichnis der Rezepte

Rind

Schwein

Lamm

Geflügel

Wild

Fisch

Käse

Süßes

Brotzeiten

Die Deutsche Bibliothek – CIP-Einheitsaufnahme
Jörg Steinleitner
Heimat auf dem Teller:
Heimische Produzenten – Ehrliche Produkte – Schmackhafte Rezepte /
Fotos von Jan Roeder.
München: Culinaris, 2012

Idee und Realisation: Der Pschorr, Viktualienmarkt München
Umschlaggestaltung: ADSCHWERT, München
Produktion: ADSCHWERT, München
Layout und Satz: ADSCHWERT, München
Gesamtherstellung: Firmengruppe APPL, aprinta druck, Wemding
Printed in the EU

ISBN 978-3-941641-11-2